Eugen Drewermann

Von Güte und Unsterblichkeit

Impressum

Eugen Drewermann
Von Güte und Unsterblichkeit

Satz: Sabine Felbinger
Layout: Andreas Klinkert
Druck und Bindung:
Westermann Druck Zwickau GmbH
Auflage: 1/2013

Publik-Forum Verlagsgesellschaft mbH
Postfach 2010
61410 Oberursel
www. publik-forum.de

ISBN 978-3-88095-252-2

Eugen Drewermann

Von Güte und Unsterblichkeit

Vortrag im Publik-Forum-Zentrum während des 34. Evangelischen Kirchentags 2013 in Hamburg. Transkript des frei gehaltenen Vortrags mit Korrekturen und Ergänzungen des Autors

Inhalt

Teil I

Vortrag

Meine sehr verehrten Damen und Herren, darf ich sagen am Evangelischen Kirchentag bei einer Veranstaltung von Publik-Forum: Meine lieben Schwestern und Brüder!

Wo, wenn nicht bei einer Veranstaltung wie dieser, böte sich Gelegenheit, darüber nachzudenken, welch eine Rolle und Funktion der Religion in unserem Leben zukommen sollte. Die Frage ist ernster, als sie scheint, denn die Krise der institutionalisierten Frömmigkeit in Gestalt der verfassten Kirchen ist offenkundig. Umsonst, dass die Reformkatholiken froh wären, wenn sie 500 Jahre nach der Reformation nun doch endlich die Errungenschaften der evangelischen Kirche sich zu eigen machen dürften: Pastoren könnten heiraten, eine Wiederverheiratung von Geschiedenen wäre anzudenken, ebenso Frauen als Bischöfinnen! Es wäre nicht zu sagen! Doch wenn das alles durchgeführt wäre, fänden wir heraus, dass die gemeinsamen Probleme, dass die Krise des religiösen Bewusstseins im Abendland, in Deutschland ohne jede konfessionelle Grenze, überall, in aller Heftigkeit sich unverändert zu Wort meldet. Der Gründe dafür sind viele.

Man hat Religion bis in die Schulstunden, heute noch, eingesetzt zur Erklärung der Welt. Und die Stunde drauf, in Biologie oder Chemie, bricht ein ganzes Weltbild zusammen.

Man setzt die Religion immer noch ein zu einer quasi magischen Einflussnahme auf die Welt. Manche Spielfilme im deutschen Fernsehen machen die Menschen in Kirchenabsicht glauben, dass das Beten in diesem vergegenständlichten Sinne wirklich helfen wird: Flurprozessionen zu Fronleichnam, Kreuze an den Feldrainen gegen Misswachs und Ungeziefer, zur Vermehrung der bäuerlichen Produktion ..., all das spiegelt eine Magie wider, die absolut obsolet geworden ist. So geht es nicht mehr.

Hat Religion wenigstens eine Aufgabe bei der sozialen Veränderung der realen Welt? Davon wird hier in Hamburg dieser Tage mannigfach gesprochen werden. Gerechtigkeit, Mindestlohn, Veränderungen zugunsten der Arbeitnehmer, die Interessen der Dritten Welt, Krieg und Frieden, Gleichstellung von Mann und Frau, Forderungen nach Kitas für die Kinder – alles Mögliche wird erörtert werden. Die Bundeskanzlerin wird es sich nicht nehmen lassen, der Bundespräsident ließ es sich schon nicht nehmen. Sie alle werden zur Erhaltung von Staat, Kirche und Gesellschaft ihren Beitrag leisten. Und der Eindruck entsteht und soll auch wohl entstehen, dass wir, gerade die Christen, doch unseren Mitmenschen etwas zu sagen hätten, das uns unterscheidet. Die Ernstnahme der Ethik, die Gerechtigkeit, die Menschenwürde, an solchen Punkten wird es doch festzumachen sein. Vor allem wird der Eindruck erweckt, als wenn wir Christen nicht nur eine besondere Ethik hätten, sondern auch eine *bessere* Ethik als die Normalbürger und dass wir uns schon deswegen in der komfortablen Position befänden, anderen Lehren erteilen zu dürfen und zu müssen.

Das Ganze scheitert indessen nicht nur an der offenbaren Hybris dieses Ansatzes. Es ist vor allem erkennbar, dass alles missverstanden wird, wenn es dabei bleibt. *Die Bergpredigt ist keine Ethik,* keine Surplus-Moral, nichts, das man in Gesetzen verordnen könnte. Sie ist die Darstellung der Verhaltensselbstverständlichkeiten von Menschen, die inwendig frei geworden sind.

Da allerdings sind wir im Kern der Botschaft Jesu. Da, wenn überhaupt, müsste sich das Spezifische des Christlichen zeigen. Keine neue Religion, keine neue

Dogmatik, aber eine Veränderung des Lebens von Angst zu Vertrauen, von Aggression zu Güte, hin zu Menschen, die mit sich in einem Raum absoluter Akzeptanz identisch geworden sind. Die können etwas, von dem ein bedeutender Theologe in Münster vor Jahren noch sagte, das könne man nicht befehlen. Zum Beispiel: Wer dich auf die eine Wange schlägt, dem halte noch die andere hin! Recht hat er natürlich. Aber solch eine Lehre ist nicht ein Peripheres in der Botschaft Jesu, es ist ihr ganzer Inhalt. Wie antwortet man auf etwas, das sehr wehtut und das erkennbar zu Unrecht zugefügt wurde? Man kann zurückschlagen, man kann sich wehren, man kann die Gesetze, vor allem das Strafgesetzbuch, in Anwendung bringen, man kann Recht haben und recht haben wollen. Doch genau dagegen setzt Jesus, dass damit niemandem geholfen ist in seiner wirklichen Not. Die sieht er bezeichnenderweise gar nicht so sehr bei demjenigen, der geschlagen wurde, sondern bei dem, der schlug: Was ging in ihm vor sich? Wieso kam er dazu? Wie konnte es geschehen, dass er ein bestimmtes Bild, das ihn zur Wut reizte, in Verbindung brachte mit einem ganz Anderen, mit Ihnen selber, die damit nichts zu tun haben? Erst wenn Sie das für ihn und mit ihm in Aufklärung bringen, hätten Sie den Konflikt gelöst.

Die ganze Überlegung Jesu geht nicht dahin, wie man sich durchsetzt, sondern wie man hilft.

Das Entscheidende: die Begriffe des Bürgerlichen Gesetzbuches fallen dahin – Gut und Böse, Tugend und Laster, Verdienst und Schuld. – Manchmal ist sogar das deutsche Fernsehen ein bisschen kongenial. Gestern Abend, durch Zufall, als ich darüber nachdachte, was ich heute Mittag sagen werde, kam mir die Hilfe auf ARD: Ein trockener Alkoholiker tauchte da auf, der einer gerade im Alkohol Ertrinkenden, als sie sich Vorwürfe macht, sie schädige ihre Tochter, das alles sei ihre Schuld, simpel sagt: »Schuld, das ist ein Wort, nur um sich und anderen wehzutun.« –

Wenn Sie auf dieser Stufe einmal angelangt sind, wird Ihnen die Sichtweise Jesu wie selbstverständlich. Es geht nicht mehr um Vorwürfe – die helfen sowieso nicht. Es geht um die Entdeckung der Hilflosigkeit, der Verzweiflung, der Einsamkeit, der Sinnlosigkeit, der zerbrochenen Hoffnungen, die hinter allem Fehlverhalten stehen, es geht um die hilfreiche Reaktion auf ein Leben, das zerborsten ist. Wie man das, mühsam genug, aufsucht, begleitet und ans Ziel bringt, ist alles, wovon im Neuen Testament im Kern die Rede ist. Der theologische Begriff dafür lautet: Das Christentum ist eine Erlösungsreligion (und eben keine Gesetzesreligion).

Die ganze Schwierigkeit, die Botschaft Jesu zu vermitteln, besteht darin, die Weltsicht unserer Normalität so zu ändern, dass sie einer solchen Problem- und

Aufgabenstellung gemäß ist. Dabei behilflich sein kann uns in der Tat ein wichtiger Teil der Weltliteratur. Es gibt in den großen Romanen den Versuch, gültig Schicksale so zu beschreiben, dass sie vom Rand des Ausgegrenzten zurückgeholt werden in die vertraute Normalität, sodass der Schicksalseinbruch Gegenstand unseres Mitgefühls wird und damit entzogen der Neigung zu verurteilen.

Sie lesen beispielsweise Leo Tolstois großen Roman »Anna Karenina«, und je länger Sie es tun, begreifen Sie, dass eine Ehebrecherin, eine Selbstmörderin schließlich, Ihnen viel, viel nähersteht als der scheinbar charakterfeste, stabile, mit den Ordnungen der Kirche und der Gesellschaft völlig konkordant lebende Herr Karenin. Er im Grunde enthüllt sich als die Ursache der Unlebendigkeit, der verweigerten Sehnsucht, des allmählichen Dahinsiechens seiner eigenen Frau. Der Roman beginnt damit, wie Anna im Familienkreis der Oblonskis versucht, eine beginnende Ehedramatik mit guten Worten zu schlichten, doch noch hat sie keine Ahnung, dass sie auf der Rückfahrt in dem Zug bereits jener Person begegnen wird, die die Erfahrung ihres ganzen Lebens ändern und umstürzen wird: Fürst Wronskij.

Leo Tolstoi, wie man weiß – das ist zaristisches Russland, das ist 19. Jahrhundert, und doch: es ist bleibend aktuell – so kann Literatur sein! Und Sie verstehen, dass, wenn Sie Theodor Fontane – Preußen, auch 19. Jahrhundert – lesen: »Effi Briest«, Sie in die genau gleiche Lektion geraten. »Ich«, spricht Effi über ihren Baron von Instetten, »hielt ihn für groß, aber er ist klein und deshalb grausam, wie alles, was klein ist, grausam sein muss.« Und schon sind Sie mitten in der Problematik: Wie sehr hat die uns beigebrachte Moral uns eingezwängt im Kleinsein, im Gehorsamsein, im Sich-Ducken, im Mitmachen, oder im strengen Urteil in der Größe unserer Beherrschung, unserer Selbstkontrolle, die all das ausschließt, was buchstäblich im Notfall Menschen brauchen würden.

Es gilt, Literatur so zu lesen, als wenn Sie Ihren engsten Freunden im Status der Betroffenheit zuhören würden. Und umgekehrt: Sie fangen an zu begreifen, dass, wenn irgend Sie einem Menschen ernstlich zuhören, es ist, als schlügen Sie einen Roman auf, als beträten Sie unsichtbar den Theatersaal zur Aufführung einer großen, ewigen Tragödie.

Das war die Entdeckung der Psychoanalyse um 1900, dass alles, was man einstmals gespielt hat am Fuße der Akropolis im 5. Jahrhundert vor Christus, im Grunde spielt auf dem Boden der Bühne unserer Seele und dass man die großen Stoffe psychologisch und existentiell aufgreifen und begreifen muss, damit sie nicht immer zum Unglück Einzelner, Ausgesetzter, gezwungen sind, sich zu wiederholen. – Es gibt zwei

Möglichkeiten freilich, von vornherein den Weg, der sich so auftut und wie in eine schroffe und gefahrvolle Gebirgslandschaft hineinführt, zu verweigern. Das kann geschehen zum einen mit der Normalerklärung, Menschen verfügten über die Wahlfreiheit zwischen Gut und Böse, und täten sie das Böse, so müssten sie halt auch die Folgen ihres Handelns ernten. Dieser ethischen Tradition, der wir bis heute praktisch folgen, steht paradoxerweise in der Ablehnung, die Tragödien des menschlichen Lebens als Anfragen an uns selbst zu begreifen, eine Aufforderung zu einem eher gemütlichen und genussreichen Leben gegenüber, wie wir es gleichermaßen lieben. Beide Anschauungen lassen sich festmachen an zwei ehrwürdigen Namen, die jenseits der Jahrtausende höchst aktuell bis in die Gegenwart die Normalität unseres Bewusstseins wiedergeben. Die eine stammt aus dem 3. Jahrhundert vor Christus und trägt den Namen Epikur. Die andere stammt aus dem 1. Jahrhundert nach Christus und trägt den Namen Seneca. Sie brauchen indessen nicht viel Philosophiegeschichte zu treiben, um das zu verstehen – es geht um zwei Lebensbetrachtungen, die uns überaus geläufig sind.

So lehrte Epikur, es komme im Leben wesentlich darauf an, den Tod zu ignorieren und alles zu unternehmen, um so lange zu leben, als es geht, so glücklich zu leben, als es geht, so schmerzfrei zu leben, als es geht, sich die Not der anderen nicht zu sehr auf die Seele fallen zu lassen, sondern sich zu umhüten mit einem wohlbestellten Gärtlein, an dessen Zaun alles Ungemach abprallt, im Kreise von Freunden die Tage zu verbringen, des Weins und der Speisen mäßig zu genießen, damit da nicht eine falsche Diätetik in Gestalt von Krankheiten in den Körper Eingang nehme, und also Wohlergehen und Vernunft in Weisheit miteinander zu kombinieren. Die Frage in unseren Tagen ist freilich, wer so glücklich sich findet, ein solches Leben sich leisten zu können. Aber wenn wir es uns erst einmal leisten können, und wäre es in einer altersgesicherten Rente ab 65, dann spätestens offenbart sich uneingeschränkt wohl auch bei uns das Epikureertum, dann wird es nachgeholt – das ganze gestohlene Leben: eine Kreuzfahrt vor Hawaii, das ist das Mindeste, was uns dann blüht, nebst all den Versorgungen und Verwöhnungen an Bord selbstverständlich, mit dem Anblick richtiger spuckender Vulkane, die zumindest im Film unten in der Bordklasse gezeigt werden –, wir sind glücklich!

Der Sinn des Lebens? Epikur sagte, man könne die Frage gar nicht stellen. Das meiste, was Leute sich im Raum der Religion einbildeten, seien abergläubige Ängste vor Göttern, die ständig strafen könnten und ein schlechtes Gewissen machten: Die beste Aufklärung darüber, ganz im Sinn der Psychoanalyse Freuds entsprechend dem Lustprinzip modern gesprochen, lautet: Wir streichen uns all diese Genusseinschränkungen aus den Köpfen. Dann bleibt noch die schreckliche Angst vor dem Tod. Aber: Muss man die haben? Epikur versicherte: »Solange wir sind, gibt es den Tod nicht, und wenn es den Tod, gibt, sind wir nicht. Also geht er uns nichts an – weder die Lebenden noch die Toten.« Hört also auf, daran zu denken; lebt richtig und vergesst den Tod. – Bis hinein in die sogenannte Sterbebegleitung werden wir diese Durchhaltekurse um das Leben, gegen den Krebs oder den Schlaganfall zu »kämpfen«, uns mittlerweile zur Pflicht machen. Fröhlich sein, nicht den Kopf hängen lassen, kämpfen! Herzinfarkt? Kämpfen! Krankheit? Kämpfen! Doch warum eigentlich? Soll das wirklich die Antwort sein, warum wir Menschen kurzfristig nur die paar Jahrzehnte hier verbringen? Dass wir möglichst lange leben?

Unsere Gesellschaft glaubt das. Und ein Hauptproblem der gesamten christlichen Verkündigung liegt darin, dass so etwas wie eine Sehnsucht nach einer buchstäblich anderen Welt bei dieser Bedürfnislosigkeit epikureischer Grundhaltung kaum zu vermitteln ist.

Parallel dazu, schon zum Zwecke der besseren Ausbeutung der solchermaßen Beruhigten, kommt die Philosophie der Stoa ins Spiel. Mit Seneca mögen Sie diese Anschauung verbinden. Seneca lehrte am Hofe des Kaisers Nero, von dem Sie gewiss schon gehört haben werden. Praktisch blieb Seneca erfolglos, wie das Ergebnis zeigt, aber in vielen Schriften formulierte er in hinreißender Sprache den Appell, dass ein Mensch nicht nur die Pflicht, sondern auch das Vermögen besitze, zwischen Gut und Böse zu unterscheiden und entsprechend sein Leben zu ordnen. Disziplin, Selbstbeherrschung gegenüber dem Wechselspiel der Emotionen, charakterliche Unerschütterlichkeit des Gemüts, das sind die Haltungen wahrer Stoiker. Eine soldatische Ethik. Das Schicksal kann sein, wie es will: sinnlos, grausam, absurd. Aber ein wahrer Stoiker wird sprechen, wie diese Leute es in ihren Tagen taten: »Selbst wenn der ganze Erdkreis einstürzt, werden die Trümmer einen Unerschütterten treffen.« Das ist Stoa.

Es ist nicht gerade, dass uns nach Heldentum zumute ist in unserer Gesellschaft, aber das Einzige, was wir anzubieten haben, entspricht doch ungefähr dieser Haltung. Man muss sich zusammennehmen, man muss die Gesetze beachten, man darf sich nicht gehen lassen, man darf sich nicht hängen lassen. Korrektes Verhalten nach außen, das muss man verlangen. Und dann hätten wir eigentlich die allenthalben verbreitete Mischung: ein bisschen Epikur, ein bisschen Stoa.

Wir müssen dieses Amalgam erwähnen, weil es eine entscheidende Stelle auf dem Wege zum Christentum, wie wir es heute kennen, gibt, im 17. Kapitel der Apostelgeschichte. Da finden Sie den Mann, der überzeugt ist, man müsse die Sache Jesu allen Menschen überall auf Erden sagen, weil sie jeden Menschen überall auf Erden angehe, Paulus. Sie treffen ihn am Areopag in der Diskussion und im Gespräch mit ebendiesen beiden Gruppen: mit den Stoikern und mit den Epikureern. Leider hat uns Lukas kaum verraten, wie dieser Dialog mit jener ständig gegenwärtigen Grundhaltung ausgesehen hat. Doch umso wichtiger ist es, die entsprechende Auseinandersetzung idealtypisch und mit Bezug zu unserer heutigen geistigen Situation nachzuarbeiten, und zwar am einfachsten mit den archetypischen Bildern der griechischen Mythen.

Gegenüber der Infragestellung des Lebens durch den Tod halten wir eine Tröstung in aller Regel noch bereit, mit der wir sowohl die Korrektheit des bürgerlichen Lebens als auch die Genussprämie, die wir dafür erwarten, zusammenbringen, das ist: Wir wissen nicht, weswegen wir persönlich auf der Welt sind, aber wenn es uns schon gibt, so kann man biologisch und wirtschaftlich von uns denn doch ein Mindestmaß an Weitergabe von Leben in Gestalt von Produktivität erwarten. Das lässt sich zeigen in den Erwartungen der Gesellschaft nach Leistung, die an jeden von uns schon in Kindestagen gestellt werden; es lässt sich aber auch zeigen buchstäblich in der Weitergabe der Gene an unsere Nachkommen. Man lebt in den Kindern ein Stück weiter, so die vermeintlich tröstende Vorstellung. Fast ist es so, dass wir inzwischen bis in den Bereich der Theologen, wenn Sie Ihnen aufmerksam zuhören, uns das Weltbild Heinrich Heines zu eigen gemacht haben, der um 1840 schrieb: »Den Himmel überlassen wir den Engeln und den Spatzen.« Religion gilt da als bloße Weltvertröstung, als Projektion von wünschbaren Zuständen, die wir auf Erden in den Griff bekommen sollten. Und mit einer solchen Jenseitigkeitsvertröstung gilt es nun aufzuräumen zugunsten der Gestaltung der Wirklichkeit hier. –

Gestern noch, am 1. Mai, bei der Gewerkschaft, konnte ich mitsingen: »Brüder, zur Sonne, zur Freiheit«. Das Lied ist begeisternd: »Brüder, vereint nun die Hände! Brüder, das Sterben verlacht! Endlich der Sklaverei ein Ende! Heilig die letzte Schlacht!« Das war das Lied der Bewegung der Arbeiterschaft im 19. Jahrhundert. Und wie viel Erwartung lag darin! Aber was ist daraus geworden? Kann man damit leben, eine Hoffnung in die geschichtliche Zukunft zu legen, die immer wieder enttäuscht wird, statt herauszufinden, wo man selber steht?

Ich versuche heute Mittag, mit Ihnen ein paar Geschichten aus dem Dionysos-Theater am Fuße der Akropolis in Athen aus dem 5. Jahrhundert vor Christus durchzugehen. Gedauert hat diese Zeit nur ganz kurz, eigentlich nur fünfzig Jahre nach den beiden Perserkriegen: 490, 480, und dann schon, knapp danach beginnend, während des Desasters des Peloponnesischen Krieges zwischen 431 und 404, als sich dreißig Jahre lang Athen gegen Sparta stellte. Dazwischen und mittendrin formen sich in den Werken der großen Tragödiendichter: Aischylos, Sophokles und Euripides, aus dem Erbe mythischer Überlieferung Bilder, Eindrücke, Perspektiven auf die menschliche Wahrnehmung, so erschütternd und tief, dass, wenn wir sie erleben, das, was Jesus meinte und was Paulus verkündete, wie Frage und Antwort zueinander finden.

Nehmen wir mit Bezug zu der Frage, wofür und wodurch wir wirklich leben, eine Geschichte, die Ihnen vielleicht dem Namen nach bekannt ist: die Tragödie der Niobe. Niobe ist eine Frau, die das verkörpert, was wir in unserer Gesellschaft, wie eben erwähnt, eigentlich für höchst wünschenswert finden: maximale Produktionsleistung. Dass Niobe eine Frau ist, sollte uns nicht hindern, die Allgemeingültigkeit ihres Lebenskonzepts zu begreifen: Männlicherseits würden wir jetzt einfach erwarten, dass wir sehr erfolgreich im Beruf wären, dass wir das Bruttosozialprodukt maximal erwirtschafteten, dass wir dem Mantra unserer Kanzlerin folgten: Wachstum! Da leisten wir unseren

Beitrag, da dienen wir Deutschland. Wir sind fruchtbar. Oder sollten wir sagen mit der Vorgängerregierung Helmut Kohl: »Wichtig ist, was hinten rauskommt« – was wir produzieren? Gleichviel. Niobe stellt die Erwartungen – nicht abgeleitet von der Gesellschaft, obwohl denn auch, aber viel persönlicher – direkt an sich selber als Frau. Was sie von sich erwartet, ist etwas, das Sie in einfachen Kulturen bis heute als Dauerpflicht in der Definition des Frauseins antreffen. Wofür gibt es Frauen? Eben, dass sie Kinder gebären. Und von den Kindern Jungen gebären. – Sie lesen zum Beispiel »Der weiße Dampfer« von Tschingis Aitmatow, dem russischen Starautor aus Kirgistan, und erleben die Verzweiflung einer Frau, die für unfruchtbar gilt und die dafür sich selber verdammt, ja, die ihren Mann förmlich anfleht, sie zu erschlagen, weil sie nicht das leistet, was eine *ordentliche* Frau zu leisten hätte. – Wenn die Erwartungen der Gesellschaft so tief verinnerlicht sind, können Sie begreifen, dass ein sonderbarer Stolz daraus erwachsen mag: Ich wäre an sich gar nichts, einfach nur als lebend, einfach nur als Person; aber wenn ich es schaffe, dem, was als Aufgabe mir gestellt wird, zu entsprechen, dann darf ich mich hinstellen mit einem gewissen Selbstwertgefühl: Ich habe es geschafft! So ist Niobe.

Vierzehn Kinder hat sie geboren, sieben Mädchen, sieben Jungen. Sie ist zu Recht stolz auf sich. Als man in ihrer Stadt Theben aber den Kult der Titanin Leto einführen will, findet sie, dass man eine Frau wie sie – sichtbar, schön, erfolgreich – mehr verehren sollte als eine unsichtbare Göttin, bei der man nie weiß, woran man ist. Und damit gerät sie in einen tödlichen Konflikt.

Es ist scheinbar ein klassisches Thema auch der Bibel: Stolz und Hochmut und wie er vor dem Fall kommt; aber wenn Sie hören, wie beispielsweise Ovid die Geschichte der Niobe erzählt, haben Sie es überhaupt nicht zu tun mit Stolz und Hochmut, Sie haben es vielmehr mit der Überkompensation von schweren Minderwertigkeitsgefühlen in einer sozial definierten Position der Unterlegenheit zu tun, und wie Menschen darauf antworten bis zum Zerstörerischen, wird zum Schicksal und zur Tragödie der Niobe. Denn die verachtete Titanin Leto hatte von Zeus zwei Kinder, Apoll und Artemis, geboren, und die beschließen nun, die Ehre ihrer Mutter zu rächen. Pfeil auf Pfeil trifft's die Jungen, die Mädchen, beim Wettkampf, beim Sport, beim Spiel.

Wollten Sie dieses Schicksal übersetzen in gegenwärtiges Erleben, so hätten Sie es zu tun mit dem möglichen Sterben, rein physisch, eines Kindes vor der Zeit, da die Mutter selber aus dem Leben geht. Gibt es etwas, das schlimmer sein könnte? – Sie gehen nach Berlin zum Käthe-Kollwitz-Museum und schauen sich die Bilder an, die von einem solchen Leid sprechen, und Sie verstehen, warum es für eine Frau kaum je etwas Schmerzhafteres gibt. Alles tut eine Mutter für ihre Kinder; auch sie selbst lebt subjektiv in der Pflicht, alles Unheil von ihren Kindern fernzuhalten. Wie viel an Mühe, wie viele Tränen, wie viel an Schlaflosigkeit, wie viel an Verantwortungslast nimmt sie auf sich; aber wenn dann irgendetwas passiert, ein Unfall, eine Krankheit, wird der Vorwurf auf immer sein, sie hätte es doch wissen müssen, sie hätte es doch verhindern müssen, sie hätte versagt an der Aufgabe, die das Leben ihr selber als Mutter gestellt hat. So verständlich dieser Eindruck ist, so sehr bricht er sich am Übermaß von Angst im Leben einer Niobe.

Denn Sie können das Gleiche sich auch rein psychologisch erzählen: Wenn eine Mutter oder ein Vater darauf bestehen wollte, zu leben in den eigenen Kindern, und nähme sie als Porträtgemälde des Werts der eigenen Person, das nun sich aufführt im Leben der eigenen Jungen und Mädchen, so lässt sich vorhersehen, dass diese Kinder zerbrochen werden in einem Dasein der Abhängigkeit und Unfreiheit, denn sie dürfen im Grunde nur so sein, wie es die Wunscherwartungen der Eltern definieren. Sie müssen den Stolz der Eltern begründen, sie müssen den Wert der Eltern etablieren. Also müssen Sie selber jetzt die ganz normale Antwort unserer Gesellschaft sich erarbeiten in Anbetracht des Problems, welches der Tod stellt; der gesellschaftliche Auftrag lautet: Wir sollen leben in unseren Kindern; und gerade diese Antwort findet ihr unglaubliches, dramatisches Tragödienspiel in der Gestalt der Niobe.

Diese Frau im antiken Theben will genau dies: dass sie lebt für nichts anderes, in nichts anderem, durch nichts anderes als in den Kräften der Generation. Sie *ist* ihre vierzehn Kinder. Und dann zeigt sich, wie ein Kind nach dem andern stirbt. – Apoll, im Heerlager zum Beispiel der Achäer vor Troja, kann auch in Gestalt der Pest seine Pfeile verschießen – eine Krankheit genügt. Aber psychologisch kann es auch sein, dass eine Mutter das Leben ihres Kindes, ihrer Kinder psychologisch durchlöchert durch den Überanspruch: Ich bin dein Vorbild und du mein Spiegelbild, und beides ineinander lebt so vertauscht, dass nichts zur Identität mit sich selber gelangt. Wenn es so steht, erleben Sie mitunter, wie Kinder bis zur Drogenabhängigkeit, bis zum Scheitern in allem, sich zu klammern versuchen an etwas, das einen Halt gar nicht geben kann, weil es sich selber verklammert an dem viel zu Jungen, und der Zusammenbruch im Ganzen wird das Resultat daraus werden.

Nicht nur die sieben Söhne, auch die sieben Töchter werden durch die Pfeile der Artemis Niobe genommen. Es ist die Bilanz dieser griechischen Tragödie, dass am Ende eine solche Frau versteinert zu Marmor wie eine lebende Säule, herausgemeißelt in Schmerz. Und der Marmor beginnt zu rinnen; die Versteinerte weint und hört damit nimmermehr auf.

Was Sie da miterleben, wohlgemerkt, ist nur eine von Tausenden solcher Geschichten im antiken Griechenland auf dem Wege zu uns selber, und lautete im Falle der Niobe die Antwort: »Man darf nicht hochmütig sein«, so bliebe die Erzählung ungenügend verstanden. Ihr Sinn ist: Man darf sich nicht festmachen in der falschen Hoffnung, in einem anderen ersatzweise leben zu können!

In dieser Bedeutung hat die griechische Mythe wirklich biblisches Format, und ich stehe nicht an, die Tragödie der Niobe weiterzuführen mit einer Erzählung, die Ihnen wohlbekannt, aber, ich vermute, immer rätselhaft geblieben sein wird: mit dem 22. Kapitel der Genesis.

Da redet die Gottheit mit Abraham, der lange Jahre gewartet hat auf die Geburt eines Kindes, und als es endlich kommt, Jitzchak geheißen, zur Überraschung der Mutter, die sich längst für eine Unfruchtbare hielt, ist die Freude demgemäß groß und auch der Hochmut, mit dem die Ersatzfrau, die ägyptische Sklavin Hagar, in die Wüste vertrieben werden soll von Sarah, der rechtmäßigen Gemahlin, der »Fürstin«, wie sie jetzt heißt. Aber als es denn so weit ist und Isaak groß genug heranwächst, verlangt Gott von Abraham, ihn zu opfern; er soll ihn auf dem Berge Moria zum Brandaltar zerren. Alle Inhumanität, alles Grausame, alle von außen auferlegte Gehorsamsforderung bis hin zum Mörderischen lässt sich in die Person des Abraham an dieser Stelle hineingeheimnissen.

Die Theologen trösten sich in der Auslegung der Geschichte mit der Abkehr vom Fruchtbarkeitskult, die sie hier vermuten, mit der Verweigerung von Menschenopfern, mit der vermeintlichen Humanität, die dadurch in die Bibel Einzug gehalten habe. Aber die Wahrheit ist gültiger und einfacher! Was Gott verlangt, nicht nur von Abraham, sondern paradigmatisch von jedem, ist, dass die zentrale Erwartung ganz Israels: Wir leben in den Kindern bis zur Ankunft des Messias, wir sind das auserwählte Volk, es gibt uns im Kollektiv, wir sind als die Auserwählten schon rein genetisch im Vorzug vor allen anderen Menschen der Erde – preisgegeben wird durch eine radikale Individuation. Die Frage, die sich wesentlich stellt, lautet: Wer bist du denn selber, Abraham, wenn es nur um dich geht? Vergiss einen Moment lang Sarah. Vergiss einen Moment lang Isaak. Wer bist du selbst vor mir, deinem Gott? – Das ist die Frage, und nur, wenn *die* sich beantwortet, ist eine Rückgabe von allem scheinbar Verlorenen in dieses Leben möglich in Übereinstimmung mit sich selber – ein unglaublicher Augenblick, wo scheinbar alles in die Hände Gottes gelegt wird, um von daher zurückzukommen. – Das 22. Kapitel der Genesis – es wäre wirklich wie eine Erlösung der Niobe, es wäre, wie wenn wir den Marmorfelsen ihrer versteinerten Trauer von seinen Tränen befreien würden durch eine neue Fühlsamkeit nach so viel Schmerz.

Und bis ins Unendliche steigern lässt sich dieser Ansatz. Wie wollen Sie eine Mutter trösten nach dem Verlust ihres Kindes? Überhaupt einen Liebenden über den Verlust eines Geliebten? Er *war* ja Teil des eigenen Lebens, wer wollte das leugnen? Aber nur durch die Entdeckung, wie viel gerade das Geschenk des anderen in einem weitergeht bis zu jener anderen Welt, da wir uns wiedersehen, ließe sich sagen, welch ein Trost bleibt für so viel Leid.

Oder wechseln wir den Scheinwerfer in eine vergleichbare Themenstellung, die dem antiken Griechenland und seiner Frömmigkeit zutiefst zugrunde liegt. Schon vorweg behaupte ich, dass sie auch uns, den Christen, an einer Stelle nahesteht, von der wir beim Kirchentag kaum genugsam reden können, weil, wie es denn zugeht zwischen den Theologen, just hier eine Hauptdifferenz zwischen Katholiken und Protestanten vonseiten der Kirchenleitungen festgemacht wird. Wir reden vom Abendmahl oder eben von der Eucharistie. Beide sind vermeintlich grundverschieden, indem das eine von einem katholischen

Pastor, das andere nur von einem evangelischen Pfarrer gehalten wird.

Ein bisschen Erinnerung an die historischen Quellen der Abendmahlsfeier in den Mythen der Antike gerade heute Mittag könnte uns indessen zeigen, in welche Evidenzen die Botschaft Jesu Eingang gefunden hat auch bei uns, und wieder, wie sie *jeden* angeht jenseits der Zäune und der Grenzziehungen, die nur durch eine gewisse Rechthaberei und durch bestimmte ideologische Kurzschlüsse der Dogmatik gegeneinander zementiert ist im Verlauf von Jahrhunderten. Dürfen Katholiken gerade jetzt der Einladung der protestantischen Kirche folgen und am Abendmahl teilhaben? Ich habe Sie im Verdacht, Sie täten es, aber *dürfen* Sie es wirklich, und *darf* es, wenn Sie es tun, bekannt werden, und leistet das ZK seine Zustimmung? Und was wird man sagen? –

Wenn Sie bei solchen Problemen halten, sind Sie da, wovon ich Sie gerade wieder wegführen möchte. Ich will nämlich reden im Anschluss zur Niobe-Erzählung von Eleusis und dem Kult der großen Göttin Demeter. Sie ist die Erdgöttin mit Haaren, blond wie ein Weizenfeld, wunderschön und groß. Aber was wir die Früchte der Erde nennen, trägt sie in ihren Armen als ihr eigenes Kind, es heißt Persephoneia – den Namen kann man, wenn man im Lexikon blättert, in Verbindung bringen mit »die Drescherin«, und wir befänden uns damit beim Erntedankfest auf der Tenne, wo der Ertrag der Erde sich sammelt und zur Nahrung der Menschen wird.

Demeter ist eine Vegetationsgöttin wie sie alle: wie Nanna und Ischtar in Mesopotamien, wie Isis in Ägypten, wie Kybele in Phrygien, aber die Geschichte, die von ihr erzählt wird, ist unendlich viel mehr. Sie ist ein Trost, mit dem auch wir, Christen uns nennend, aber kaum wissend, wieso, Tröstung suchen. Das Bild ist gerade jetzt zu sehen auf den Fluren: wie der Frühling wiederkehrt und wie also doch das Leben über den Tod siegt und die Sonne über den Winter und die Wärme über den Frost und wie alles wiederkehrt. Wäre es womöglich nicht mit unserem Leben ebenso? Wir gehen zu den Friedhöfen und legen Blumen nieder auf den Gräbern unserer lieben Verstorbenen, eigentlich um der Hoffnung Ausdruck zu verleihen, unser Leben wäre nicht nur wie Gras, das vergeht, sondern es stünde wieder auf; die Frage jedoch bleibt: Wie viel Macht können vegetative Bilder haben zur Deutung eines Problems, das doch nur uns Menschen eigen ist, weil wir Personen sind, weil wir wissen, was Individualität bedeutet.

Es gibt Altphilologen, die erklären, die Geschichte von Demeter und Persephone verbleibe voll und ganz im Vegetationszyklus. Das Leben geht, das Leben kommt; das ist das große Rondell der Abfolge der Zeiten im Jahresumlauf, und dahinein gehören so verstanden auch die Menschen. Sie sind Teil der Natur und können ihr nicht entrinnen. Ist es da zu glauben, sie blieben geborgen im Schoß der Natur? Das gerade nicht, besagt der Mythos von Eleusis.

Lesen Sie den homerischen Hymnus auf Demeter. Er ist erschütternd in zweifacher Weise: Demeter muss erleben, was Niobe in gewissem Sinn erspart blieb – man hat ihre Tochter nicht getötet, man hat sie beim Blumenpflücken auf den Wiesen *geraubt*. Der Gott des Todes, Hades selber, kam mit rasendem Wagen, sie hinwegzunehmen. Ein Schrei ertönte, den niemand vernahm, bis auf sie, die Mutter, Demeter. – Eine solche Handlung begegnet Ihnen als Drehbuch in einem Film im deutschen Fernsehen unter dem Titel: »Haltet die Welt an.« Die Tochter kommt am Abend nicht wieder. Um 8 Uhr wollte sie da sein, es ist aber 10 Uhr. Sie hat am Nachmittag, als sie wegging, ein bestimmtes Kleid angezogen, was sie sonst nicht tut. Hat sie etwas hinterlassen, um Meldung zu geben? Sie würde doch längst angerufen haben ... Wir würden uns heutigentags nicht wie Demeter an den Sonnengott Helios wenden, der alles sieht. Wir würden wahrscheinlich nach spätestens zwölf Stunden die Polizei einschalten, den Suchdienst, wir ließen Hundestaffeln ausschwärmen ... Irgendetwas müsste jetzt geschehen; wo ist die Tochter? Demeter hingegen erfährt von dem Gott, der alles sieht, von der ewig kreisenden Sonne, dass der Höchste der Olympier selber, Zeus, seinem eigenen Bruder, Hades, das Kind Persephone in die Hochzeit ins Totenreich gegeben hat.

Dahinter steckt – man könnte fast denken: perfiderweise – die Machtausdehnung der Aphrodite. Sie wollte Herrin sein auch in der Unterwelt und hat deswegen Hades verführt zur Liebe. Da kam es über ihn, die schöne Persephone zu rauben. Das ist ein fantastisches Stück Mythologie, deren Sinn sich uns aber bald schon enthüllen wird. Entscheidend ist zunächst die Antwort der Demeter: Sie, die Göttin der Erde und des Getreides, geht in den Streik. Wenn *das* die Welt ist: die Komplizenschaft des Obersten der Olympier mit dem Herrn der Unterwelt, wenn überhaupt nur geboren werden soll, damit gestorben wird, zerbricht aller Sinnzusammenhang, dann will Demeter keinerlei Fruchtbarkeit mehr, dann verweigert sie die Gabe der Ernte auf den Feldern, dann wird kein Mensch mehr zu essen haben, dann wird es keine Opfer für die Götter mehr geben, dann hält die Welt ihren Atem an, dann steht wirklich die Welt still, und die Sonne mag sich weiterdrehen in sinnlosem Fleiß über die leer gewordene Wüstenei der Erde. Dann ist definitiv Schluss mit allem Lebendigen in der Verweigerung einer verzweifelten Mutter: Dafür als Erstes steht Demeter.

Und so beginnt's: Sie kommt zum Wallfahrtsort der Griechen nach Eleusis, 15 Kilometer im Westen des heutigen Athen, entlang der Straße, die man die Heilige nennt. Das ist der Ort, Antwort zu finden auf die Fragen, die wir jetzt erörtern, zwischen Leben und Tod und Liebe und Verzweiflung: Demeter beschließt, am Hof von Eleusis den kleinen Prinzen der Königin Metaneira, Demophoon, als Waffe gegen die Macht des Hades zu setzen: Sie streichelt ihn mit Ambrosia, sodass er wunderschön und schnell aufwächst, aber in den Nächten, wenn keiner zusieht, legt sie ihn ins Feuer wie Körner, die man röstet, auf dass er unsterblich wird. Mag Hades blindwütig geworden sein vor Gier in seiner Liebe nach schönen Frauen, man kann doch vielleicht Menschen dahin bringen, dass sie unerreichbar werden für seine Wollusthände, indem sie unverderblich werden wie geröstetes Korn. Freilich muss Demeter erleben, dass die Menschen aus lauter Angst diese Kur nicht über sich ergehen lassen. Die Menschen leben von Körnern, aber sie sind nicht wie Körner. Sie fürchten das Feuer, mit dem sie ihre Speisen zubereiten. Demeter also muss ein anderes lernen, und es besteht darin zu fordern, dass ihre Tochter Persephone aus dem Hades, aus der Unterwelt, zurückgeholt wird. Die Geschichte dahin ist mühselig und kompliziert, doch Demeter hat Erfolg: Für zwei Drittel des Jahres darf Persephone hingehen, wohin sie will. Sie bleibt eine Sterbliche im Wiedersehen mit ihrer Mutter inmitten einer Welt, die vom Tod im letzten nicht mehr erreicht wird.

Gibt es dafür Bilder – für diese merkwürdige Fusion von Vegetationsmystik und existentieller Daseinsdeutung? In Eleusis hat man einen eigenen Kult eingeführt, zu dem alle Zugang haben, im Prinzip sogar die Sklaven, nicht mehr nur die Oberschicht, auch die da unten, das einfache Volk. Und was es lernt in der Nachtfeier von Eleusis, beim langen Suchen nach der verlorenen, weil beinahe gestorbenen Tochter der Liebe, der eigenen Seele, wenn Sie so wollen, dem persönlichen Leben, ist die Wiederkehr der Persephone in Gestalt einer geschnittenen Ähre. Die zeigt der Priester den Teilnehmern des Kults. – Es ist das gleiche Sinnbild, das im Zentrum der Liturgie auch des Christlichen steht – da ist die katholische Messfeier vielleicht stilvoller sogar noch als die protestantische, denn es ist dort festgehalten ein eigener ritueller Augenblick, der vor allem dem Mittelalter überaus zentral war: Nicht die sogenannte Wandlung, sondern der Moment *während* der Wandlung, in welcher der Priester die geweihte Hostie dem Volke entgegenhält oder sogar in der Monstranz gegenwärtig setzt zur Anschauung, gilt da als der eigentliche Höhepunkt der Feier; denn er zeigt, dass wir nicht leben vom Brot, sondern dass die sterbende und auferstehende Gottheit, die im Brot lebt, unser Leben selber ist. Ist es möglich, über den Tod hinaus an die Liebe zu glauben, an die Worte des Mannes aus Nazareth, von einer Güte, die keine Grenzen hat, und hineinzugehen in den Tod und durch den Tod hindurch, wie er? Dann hätten wir im geschnittenen Getreidehalm ein Bild von etwas, das nicht zerstörbar ist, und es bezieht sich nicht auf die Natur, nicht auf die Feldfrucht, es bezieht sich als Symbol auf das Leben eines jeden von uns. Der Schnitter Tod wird kommen, aber er wird nicht die Macht haben zur Vernichtung unseres persönlichen Lebens. Persephone selber wird eine Herrscherin sein, deren Gesetze einwirken auch auf die Welt, die wir, die noch Lebenden, bewohnen. – Aber wie ihr Gesetz sich formt, werden wir ein Stück später noch hören.

Was wäre, wir könnten in eine solche Mystik der Daseinsdeutung zurückkehren – als mütterlich Liebende, als Verletzbare, als zur Verzweiflung Neigende und als Getröstete allein im Beistand eines Wissens, dass – zwischen Zeus und Hades, hätten die Griechen gesagt – zwischen dem Gott, der möchte, dass wir sind, und seinem Sohn, der uns das Vertrauen in ihn als Vater schenkte, sagt das Christentum, kein Zerbruch möglich ist; dann wüssten wir, dass man im Rahmen solcher Bilder Menschen nur zusammenführen, niemals trennen kann.

Nehmen Sie für jetzt als ein letztes Bild auf die Frage des Todes die Geschichte des Orpheus, die Mystik der Musik, nehmen Sie Beethovens 7. Symphonie, wenn Sie so wollen, dann treffen Sie auf einen Mann, der vorweggreifend in der antiken Mythologie die Gestalt des Franziskus verkörperte, indem er mit dem Gesang seiner Leier die Tiere, die Pflanzen, sogar die Berge rührte und ihnen ein Gefühl der Gemeinsamkeit einhauchte, der Verschwisterung in der Liebe von allem.

Zu einem Künstler wie Orpheus, spielend auf der Leier des Apolls, gehört eine Muse, so wie Sie in der Literaturgeschichte, in der Musikgeschichte gar nicht anders erklären können, wie Gefühle zur Kunst sich kondensieren, außer im Austausch zwischen Ich und Du, zwischen zwei Menschen, die in der Liebe gemeinsam durch diese Welt gehen. Eurydike, die »weithin Richtende«, ist die Gefährtin des Orpheus, dieses thessalisch-thrakischen Heros, der ganz dicht an die Erfahrungen heranreicht, die hinüberführen ins Christentum, und der deshalb auch immer wieder bei den Kirchenvätern parallel zu der Gestalt des Christus aufgegriffen wird. Eurydike stirbt – und das am Hochzeitstag noch, auf der Flucht vor dem Mann Aristaios, dem »Erfinder« der Kultur des Ackerbaus, der Viehzucht und der Bienenzucht, der ihre Schönheit bewunderte und ihr nachstellte; eine Schlange beißt sie, während sie vor ihm flieht, und sie stirbt dahin.

Sie könnten noch einmal Texte wie diese psychologisch durchgehen und fänden, dass dahinter viel auch an Angst sich ausspricht, eine Frau zu werden. Bei einem Mädchen wie Persephone, das Blumen pflückend vom Tode entführt wird, mochten Sie womöglich vorhin schon gedacht haben an das Erlebnis des Erwachens zur Frau, an die »Defloration«, wie es brutal im Medizinerdeutsch heißt. Psychisch kann solch ein Erlebnis wirken wie eine Todeserfahrung. Wie viele: Frauen insbesondere, Männer mitunter aber auch, müssten da ähnlich sprechen: Wir hatten uns so viel vom Erwachen zum Erwachsenwerden in der Liebe erträumt, doch als es dann kam, brach etwas weg, und wir wussten gar nicht, was. Nur: Danach war alles anders. Alles ging weiter. Aber wieso, und wohin? –

Goethe hat seine zwei bekannten Gedichte vom Heideröslein solchen Problemen von 14-Jährigen gewidmet, wie um psychologisch die Mythen auch von Persephone und von Eurydike zu deuten. Die Angst vor der Gewalttat des Mannes, das Bild von der Schlange, bringt ein Mädchen dahin, dass das Leben aufhört, grade wo es beginnen könnte: der Tod im Brautbett, ein Ende aller Gefühle, alles eigene Werterleben hinweggestohlen, geraubt, beendet vor der Zeit.

Das Entscheidende aber ist nun, dass Orpheus so wenig wie Demeter – und manch andere in der griechischen Mythologie – einverstanden ist mit dem Getrenntsein von der Geliebten durch den Tod. Er soll sie nicht in seinen Knochenhänden halten, der blauschwarzhaarige Hades der Unterwelt, der Herrscher im Reich der Schatten. Er soll sie wieder leben lassen, die geliebte Persephone, die geliebte Eurydike, das Kind, die Gemahlin. Und so klagt Orpheus in seinen Liedern so rührend, dass sogar die Unterwelt zu schluchzen beginnt und die vermeintlich Verdammten innehalten von ihren Flucharbeiten, mit denen sie bestraft wurden für ihre Vergehen auf Erden. Es soll Orpheus eine Chance werden, die Geliebte aus der Unterwelt zurückzuführen ins Licht – nur darf er sich nach ihr nicht umsehen.

Ich lasse dahinstehen, dass zu den Todesriten der Antike die Vorschrift gehörte, einander nicht anzusehen. Orpheus und alle Dichter, die ihn besingen, kommen nicht auf die Idee, dass auch Eurydike sich hätte umdrehen können nach rückwärts, so dass beide, einander sich anschauend, aber nicht ins Gesicht sehend, in der Unterwelt gemeinsam nach oben gestiegen wären. Doch was bedeutet das Motiv selbst?

Jean Anouilh, ein französischer Dichter, hat eine eigene Deutung dafür vorgeschlagen: Alle Liebe, meint er, sollte darin bestehen, die Angst vor sich selber, die sie erzeugt, die ganze Mischung aus Triebangst, Sexualangst, Erziehungsangst und Schuldgefühl, ja, vor dem Erwachsenwerden überhaupt, hinwegzustreicheln durch eine Güte, die sie erübrigt. Aber dazu gehört, dass man nicht länger auf der Flucht vor sich selber und der Vergangenheit der eigenen Biographie bleibt. – Manchmal erzählen es Leute wirklich so: Sie sind in die Ehe gestürzt, im Grunde um die Vergangenheit zu vergessen. Drum haben sie ihrem Mann, ihrer Frau von dem Vorleben gar nicht erst berichtet; sie waren gewissermaßen fertig im Moment ihrer Heirat, und alles Frühere sollte den anderen nichts angehen. Es wäre zu peinlich gewesen, zu verwirrend. Man hat vielleicht die Erwartung gar nicht entwickeln können, dass man als Kind hätte geliebt werden dürfen. Besser wäre es gewesen, man wäre bereits damals schon fertig auf die Erde gefallen, gleich mit 18 oder 25, und dann in der Form, in der man sich zutrauen könnte, liebenswert zu sein – ohne all die Kindereien und Unfertigkeiten, ohne all die Irrwanderungen von Suchen und Irren; ein perfekter Charakter –, das ist es, was man von sich erwarten muss und einzig dem anderen zumuten darf. – Wenn das so ist: man tritt in eine Gemeinsamkeit nur ein, um vor sich selber ins Endgültige auf der Flucht zu bleiben, so ist jeder Blick in die Vergangenheit belastet mit der Furcht, in den Augen des anderen alles zu verlieren, sobald er seinen Blick nach rückwärts richtet.

Genau das schildert denn auch Jean Anouilh in seiner Tragödie »Euridice«. Eurydike nämlich war bei ihm eine Schauspielerin und hatte eine Beziehung zu ihrem Theaterdirektor – wie es denn zugeht. Sie war überhaupt keine anständige Frau. Aber darf Orphé das wissen? Und was wird er von ihr denken? Er liebt sie wirklich, er vergöttert sie, er richtet seine eigenen Mutterübertragungen auf sie, würden wir psychoanalytisch sagen, er sucht in ihr eine göttlich Geliebte, eine Überirdische in jedem Betracht, eine Vollkommene. Wie wird ihm da werden, wenn er ihre Wahrheit erführe? Eines Tages sieht Eurydike den Theaterdirektor wieder, läuft vor ihm weg und kommt buchstäblich unter die Räder. Aber der Tod, ein netter Mann, sagt, Orpheus könne sie wiederhaben, wenn er nur nicht nach rückwärts schaue. Doch für Orphé ist inzwischen alles so sonderbar, dass er unbedingt wissen will, was mit seiner Geliebten los ist. Er will die Vergangenheit erfahren, und daran scheitert ihre Liebe.

Wenn sich das wirklich so verhielte, hätten wir zu wählen zwischen der Unbewusstheit des Glücks und den Verderbnissen der Psychoanalyse mit ihrem Alleswissenwollen. So aber darf es selbstredend nicht bleiben, ganz im Gegenteil: Wir sollten von der Liebe erwarten, dass sie integriert, was verloren war, dass sie das Schamgefühl der Vergangenheit in die Gegenwart hineinhebt und durcharbeitet zu einem zuversichtlichen Selbststand, gründend in sich selbst und im Vertrauen zum anderen, um Hand in Hand gemeinsam die Zukunft zu betreten.

So ist es psychologisch; was aber wird existentiell aus uns im Tod? Diese Frage will gerade die Mythe von Orpheus beantworten. Denn: Am Ende wird auch Orpheus sterben. Und Ovid ist es, der uns erklärt – nebenbei: mir bleibt es ein Rätsel, wie Altphilologen gerade dieses Finale überreden können als etwas, das Ovid sich nur rein poetisch ausgedacht hätte; im Gegenteil, muss man ihnen sagen, er kommentiert es als seine Hauptaussage sogar zusätzlich mit einer langen Rede des Pythagoras –, Ovid also erklärt mithilfe der Orpheus-Mythe, es gehe darum, dass Menschen den Tod nicht erleiden können aufgrund der Unsterblichkeit, die sie in sich tragen, in Gestalt ihrer Seele ebenso wie in ihrer Sympathie, in ihrem Gehorsam gegenüber der Harmonie, mit welcher die ganze Welt uns umgibt. Es gibt im Sinne des Pythagoras Gesetze, die uns tragen, wenn wir sie nur vernehmen. Es ist wie ein Tanz: Da wird eine Musik gespielt, die durch den ganzen Körper geht in der Zärtlichkeit der Liebe, in einer Nähe, die einander sucht und einschwingt in den Gang von allem. – Wenn *das* Leben heißt, muss es unsterblich sein, denn es ist das Leben von allem. Ja, nur so ist Leben überhaupt möglich in einer Harmonie, die alles umgreift.

Ganz ähnlich denkt die orphische Religion; und so begreifen Sie, was Ovid sagen will – er war selber ein

Mann, den man verbannt hat an die Schwarzmeerküste, denn er war *zu* liebevoll für Kaiser Augustus und seine Ehemoral. Er hatte übrigens Vorgänger, die Triumvirn der Liebe schon: Catull, Tibull und Properz; all ihre Lieder galten als irgendwie unanständig bis heute – sie wurden nicht gelesen im Lateinunterricht; doch gerade das empfehle ich natürlich sehr. Denn: Es macht Ihnen das Herz weit, und Ovid hilft, es zu verstehen.

Ovid nämlich meinte, die wahre Einsicht des Orpheus sei dadurch zustande gekommen, dass er in jener anderen Welt, die er für den Tod hielt, Eurydike wiedergetroffen habe als Lebende. Sein ganzer Irrtum habe darin bestanden zu vermeinen, er müsse sie als Verstorbene in diese Welt zurückholen. Pindar konnte das sagen: »Dieses Leben ist wie der huschende Schatten eines flüchtigen Traums.« Oder sagen wir es mit dem dunklen Philosophen Heraklit: »Lebende? Sterbende! Sterbende? Lebende!«

Das ist in vier Worten der Schlüssel zum Verstehen von allem. Es irrte Orpheus, als er vermeinte, diese Kümmernis von ein paar Jahren irdischen Daseins verteidigen zu müssen gegen die Ewigkeit, mit der doch das Leben überhaupt erst beginnt und in der die Liebe sich entdecken lässt als etwas Unvergängliches. Da schreibt Ovid: »Nun gehn sie beide Hand in Hand, und niemals mehr verlassen sie einander.«

Vielleicht freilich, dass Ihnen Zweifel kommen über den Wert der Liebe insgesamt – kann sie so viel Hoffnung tragen? Gerade Liebe kann scheitern – das erzählen in der Antike bereits Geschichten, die insbesondere gegenüber der Zuverlässigkeit der Liebe ihre Zweifel anmelden, auf der Suche psychologisch nach entsprechenden heilsamen Medikamenten, und was ist mit ihnen?

Selbst wenn Sie mit Psychoanalyse sich nicht gerade ausführlich beschäftigt haben, so sind doch die klassischen Diagnosebegriffe mittlerweile herabgesunken zum Allgemeingut und Ihnen wohlvertraut. Was Narzissmus ist, zum Beispiel, weiß ein jeder. Aber die Geschichte von Narcissos müssen Sie hören, um zu begreifen, was damit gemeint sein kann. Narcissos war es, der sich verliebte in sein eigenes Spiegelbild, als er sich über eine Quelle beugte; und er war so fasziniert von dem Anblick seiner selbst, dass er darinnen versank. Sogar in der Unterwelt ging das so weiter: Gleich im Tartarus sah wieder Narcissos sein Spiegelbild und kam davon nicht los. – So sollte man nicht leben, will die Mythe warnend sagen, denn so kann man nicht lieben; die Psychoanalyse hat die Geschichte denn auch für einen Schlüsselbegriff zum Verständnis eines bestimmten Neurosetyps, der sogenannten narzisstischen Neurosen, genommen, und sie spricht von Narzissmus als von einer Selbstverliebtheit, mit der wir sozusagen auf die Welt kämen. Doch das ist recht allgemein und abstrakt, die alte Mythe ist weit konkreter.

Narziss, diese Charakterfigur von allen möglichen seelischen Verwirrungen, wird in der Überlieferung vorgestellt als das Kind einer Nymphe. Solche Nymphen sind wunderschön, scheu, kaum zu sehen, verhuscht meist, doch umso kostbarer, wie alles, was selten ist, an Wert nur gewinnen kann. Die Flussnymphe, Liriope mit Namen, war sogar ausnehmend schön, das fanden nicht nur ihre Zeitgenossen, sondern auch ein anderer Flussgott, Kephisos, ein Wüstling, der über sie herfiel und mit ihr den Narcissos zeugte. Viel mehr lässt sich den schriftlichen Befunden nicht entnehmen, aber nun Sie! Wie, stellen Sie sich vor, wird ein Junge leben, wenn er erfährt, dass er auf solche Weise zur Welt kam? Es mag ihm nützen zu sagen: »Du bist die Frucht eines Augenblicks ungestümer Liebe. Die Schönheit deiner Mutter belohnte sich mit deinem Dasein.«

Die Wahrheit bleibt dennoch, dass die Mutter Furcht hat vor allem, was ihr angetan wurde, und sie wird ihren Sohn gewiss eines lehren: Männer zu hassen, die so sind wie sein Vater.

Stellen wir uns also ein junges, zartbesaitetes Kind einer solchen Nymphe vor, groß geworden mit diesem Erziehungsauftrag: »Werde du nie ein Mann wie dein

Vater. Wenn ich eins von dir erwarte, dann ist es, dass du mein Sohn bleibst und nicht wirst wie dein Erzeuger. Alles, was mich an ihn erinnert, ist Angst, Vorwurf, Gemeinheit, Niedertracht. Du bist ein Junge, das ließ sich nicht vermeiden, aber werde nicht ein solcher Mann wie dein Vater!« Dann hätten Sie alles zur Verfügung, um zu beschreiben, wie eine bestimmte Spielform des Narzissmus sich aufbaut: da haben Sie die Identifikation mit dem Idealbild der Mutter, da finden Sie dessen Verfestigung im Über-Ich sowie die völlige Identität mit diesem Bilde; Sie begreifen, was einen Narziss ausmacht, der sich seit Kindertagen sagen muss: »Ich bin ein guter Junge nur, wenn ich kein Mann werde.«

So finden Sie Narcissos an der Quelle sitzend, vollkommen unfähig, ein Mädchen zu lieben. Dabei wäre es für ihn so einfach, denn an seiner Seite findet sich eine wunderschöne Frau, deren Name bereits alles sagt: Echo heißt sie. Echo ist, was sie ausdrückt, und das geschah so: Ihr kam Hera dazwischen. Die Göttin Hera hatte Grund, immer eifersüchtig zu sein, denn ihr Gatte Zeus war, wie man weiß, stets auf der Suche nach allerart Liebesabenteuern. Männer können so sein, aber Hera wollte nicht, dass es so bliebe. Eines Tages war sie wieder dabei, ihren Gatten und Bruder Zeus bei einem Seitensprung ertappen zu wollen, da trat ihr Echo in den Weg, und als Hera sie fragte: »Wo ist mein Mann«, redete sie und redete sie, bloß um die Zeit aufzuhalten, damit er mit seiner Geliebten sich in Sicherheit bringen konnte. Darüber wurde Hera so wütend, dass sie fortan die Sprache der Echo zertrümmerte: Seither konnte das Mädchen nur noch reden, was es hörte, und auch davon nur noch jeweils sinnlos und unverbunden den letzten Teil.

Erneut vernehmen Sie in dieser Geschichte etwas, das imstande ist, Ihre Fantasie in seelischen Zusammenhängen anzueifern. Wie stellen Sie sich das Leben eines Mädchens vor, das eigene Worte gar nicht sprechen darf, um die Muttergestalt der Hera nicht zu verärgern, während sie im Grunde Partei ergreift für die Vatergestalt, für Zeus, auf dessen Seite sie steht wie die meisten Mädchen ihrem Vater gegenüber. Mütter verstehen das oft gar nicht. »Ich habe alles getan für meine Tochter«, klagte eine Frau einmal, »aber die wechselt dauernd die Fahne und läuft zu meinem Mann über; eine Deserteurin ist sie.«

Wenn Sie sich das vorstellen: Ein Mädchen wie Echo hat gelernt, Rücksicht zu nehmen auf ihre Eltern. Es darf keine eigene Meinung äußern, es darf kein eigenes Urteil sprechen, es darf überhaupt keinen eigenen Wunsch haben, es muss vielmehr genau hören, was Hera, seine Mutter, von ihm verlangt oder was, umgekehrt, Zeus im Ehekrieg der Eltern von ihm will. Dann verstehen Sie das Schweigen und das Verpressen der eigenen Rede als Koalitionsangebot an die Eltern, dann treffen Sie auf die Überverantwortung eines solchen Kindes für die Ehe seiner Eltern.

Gerade Echo wird sich nun hängen an Narcissos – schon deswegen, weil von ihm keine Gefahr ausgeht; er wird nie eine Frau verführen. Er ist völlig ungefährlich. Er wird nie wie Zeus jeder (und jedem) hinterherstreben. Gerade deshalb aber kommt er infrage als möglicher Partner für eine Echo mit ihrer Vornehmheit, ihrer permanenten Rücksichtnahme, ihrer Unmöglichkeit, in den anderen einzudringen; all das sollte sie liebenswert machen, in Wahrheit aber ist gerade diese ihre Eigenart der tragische Grund ihres Scheiterns in der Liebe; denn gerade eine Echo wird die Widerstände eines Narcissos niemals durcharbeiten können. Sie selber wird – wie man es hört, wenn man hineinruft in eine Felskluft – immer nur die letzten Worte zurückstammeln, die ihr im Munde des anderen Hoffnung wären, würden sie so gemeint von Narcissos, wie eine Echo sie vernimmt. Beide sterben im Grunde aneinander: der eine im Versinken in sich selbst, die andere im Versinken in dem anderen.

All das sind nur ein paar Striche einer mythischen Überlieferung, doch Sie begreifen, dass uns dabei Dutzende von ähnlichen Ehetragödien einfallen könnten, und Sie verstehen auch, was zu ihrer Rettung zu sagen wäre.

Völlig klar ist, wie wenig hilfreich der alte Dissenz zwischen Katholiken und Protestanten darüber ist, ob die Ehe ein Sakrament sei oder nicht. Daran hängt es nämlich: Wenn sie ein Sakrament ist, darf sie nicht geschieden werden! Anders dachte in diesem Punkte schon der Reformator im Falle Philipps von Hessen: Natürlich kann ein Ehe geschieden werden, wenn die Partner sich nicht verstehen; die Ehe ist ein natürlich Ding, wie jeder sieht bei Katz und Hund und zahlreichen anderen Tierarten. –

Natürlich sind mit solchen dogmatischen Debatten alle Probleme dieser Art zu kurz begriffen.

Die Wahrheit ist, Sie werden eine Echo und einen Narcissos nur zur Liebe befähigen können, wenn Sie den Schatten der vergöttlichten und allmächtig gewordenen Eltern aus ihrer Angst herausführen.

Dann wird man in Bezug zu einem Narcissos so sagen müssen: Liriope war eine wunderbare Mutter, aber glauben darf man nicht an ihre Angst. Sie hat mit so viel Weh einem Jungen das Leben geschenkt, aber diese Not muss sich nicht in ihm verewigen. Man versteht Liriope eigentlich am besten, wenn man ihr eigenes Unglück beantwortet mit dem Mut zu einem eigenen Leben im Glück ihres Kindes. Und bei Echo ganz genauso. Sie müsste zwischen dem Widerstreit zwischen Zeus und Hera einer Gottheit begegnen, die sie umfängt in aller Angst und Einsamkeit.

Generell kann man sagen, Liebe basiert auf der Erfahrung, dass ein anderer Mensch mit seiner Liebe uns Gott so schenkt, dass wir ihn im anderen glauben können. Dann spüren wir in uns nicht mehr die bloße Macht der Natur, auch nicht die Allmacht der Angst, wir berühren vielmehr den Himmel mit unserer Liebe. Wenn der eine den anderen so entdeckt, ist Gott gegenwärtig, dann schenkt man einander vielleicht doch in der Ehe, in der Liebe ein »Sakrament«. Dann gilt es jedenfalls: Was Gott gestiftet hat, das soll ein Mensch nicht trennen. (Mk 10, 9; vgl. Gen 2, 24) Freilich, gerade deshalb müsste man ergänzend sagen: Wenn aber in der Beziehung nicht Gott, sondern der Deiwel drin ist, indem all das, was man gehofft hat, nicht stimmt, dann muss man eine solche Beziehung trennen dürfen.

Wir könnten zum Thema Ehe unzählige andere Geschichten aus mythischer Überlieferung noch erzählen, aber in Abbreviatur bringe ich bloß noch dies: die Tragödie des Euripides von Phädra und Hippolytos. Es ist die Geschichte einer Frau, deren Mann ständig unterwegs ist, ein großer Held, ein Politiker auch, ein Staatsmann in Athen, ein Hallodri, mit einem Wort; Phädra jedenfalls sieht ihn häufiger gehen als kommen. – An anderer Stelle, bei Sophokles, wird einmal Deianeira Klage führen über Herakles, mit dem es sich ähnlich verhält: Er ist dem Landmann gleich, heißt es, der kommt zu säen und zu ernten, doch die Nächte erfüllen sich mit der immer gleichen Angst, mit der schon der Tag beginnt: Einsamkeit, Hoffen, Vergeblichkeit. – So jetzt ganz ähnlich bei Euripides Phädra. Sie verliebt sich als eine schon älter gewordene Frau in den jungen Hippolytos. Den trifft sie in Eleusis, stark, schön, kräftig, ein Symbol der Jugend ist er, die ihr gerade entgleitet und die sie mit Theseus sicher nicht mehr zu gewinnen vermag.

Damit stehen wir bei einem Problem so vieler Frauen, die entdecken, mit spätestens 45 oder, sagen wir, biologisch 49 ½, dass alle Antworten, die bis dahin in der ersten Lebenshälfte wie von der Natur selber gegeben wurden, nicht mehr zutreffen können. Man hat einen Mann, gewiss, gewiss, und hofft, mit ihm leben zu können, bis dass der Tod uns scheidet, aber wenn das erst kommen soll in vierzig Jahren, nicht wie in der Adenauer-Zeit mit 62 im Durchschnitt, wofür dann die zweite Lebenszeit? Ich frage Sie. Und soll's das nun gewesen sein? Selbst die Kinder, die man zur Welt gebracht hat, sind inzwischen aus dem Hause …

Phädra also verliebt sich in den viel jüngeren Hippolyt. Den aber hat die Göttin Artemis mit dem Ideal der Enthaltsamkeit infiziert, er liebt überhaupt keine Frauen, er verachtet sie, er liebt die keusche Göttin der Jagd. Und daraus entspinnt sich die Tragödie. Phädra wird am Ende zur Verleumderin ihres eigenen geliebten Stiefsohns. Sie wird sich selber das Leben nehmen, sie wird Hippolyt mit dem Vorwurf zerstören, er habe sie zur Liebe verführt, und jeder wird denken: so gemein kann eine Frau sein! Aber was Euripides erzählt, ist ein ganz anderes: So hilflos sind Menschen, wenn sie zerrissen werden zwischen ganz verschiedenen Idealen: zwischen der Göttin der Liebe Aphrodite und der Reinheit der Göttin Artemis. Beide Göttinnen führen einen Krieg auf der Seelenbühne der Menschen. Und wie dazwischen eine Lösung finden? Wie erlöst man eine Phädra? Wie gibt man einer Frau gegenüber der Angst, zu altern, ein Realitätsgefühl der Zuneigung, des Gemochtwerdens, des Stolzes – der Wahrnehmung, dass alles, was sie einmal war, sich einprägt, kondensiert, verstärkt in ihrem Alter und genau das ihre Liebenswürdigkeit nur umso deutlicher sichtbar macht? Ein Theseus wird eine solche Selbstwahrnehmung nicht vermitteln, und ein Hippolyt kann es nicht. Doch wo im Leben vermöchte es dann zu geschehen?

Von Geschichten solcher Art müssten wir erzählen und erzählen, um eins zu begreifen: dass die Botschaft, die der Mann aus Nazareth im Neuen Testament verkörpert und für die Paulus, so gut er es konnte, die gesamte Welt aufsuchte, eine absolute Wahrheit besitzt und zu dem gehört, wovon wir mit einiger Kühnheit sagen könnten, es bilde das Spezifikum des ganzen Christentums. Was wir nämlich zu sehen bekommen, ist vor allem dies: der Abgrund menschlicher Not, das Leben insgesamt als Tragödie. Dann aber müssen wir die ganze Perspektive auf die menschliche Wirklichkeit ändern. Die einzige Antwort, die dem Leid des Lebens angemessen sein kann, ist eine verstehende Güte, das Ende all des Verurteilens, das Ausstrecken der Hand und die Wegnahme der geballten Faust, ein Niederreißen der Zäune jenseits aller Grenzen und ein Warmwerden des Frühlingswindes am Ende des Winters. Es ist der Anfang einer Menschlichkeit, wie Jesus sie mochte. Es ist der Kerninhalt seiner Botschaft: Man muss die Verlorenen suchen, man muss auf Tragödien antworten mit Güte und Verstehen, man muss sie durcharbeiten. Dieser Ruf geht gleichermaßen aus vom Dionysos-Theater in Athen im 5. Jahrhundert vor Christus; er gewinnt Gestalt am Areopag in Athen; er begleitet uns auf der heiligen Straße von Athen nach Eleusis. All diese Geschichten sollten wir kennen, nicht nur, weil sie am Anfang des Abendlandes stehen, sondern weil unsere Theologen sie samt und sonders verdrängt und vergessen haben.

Scheinbar, wenn wir den kirchlichen Theologen zuhören, gibt es gar keine Tragödien auf Erden mehr, weil wir ja erlöste Christen sind. Verkehrter und bequemer aber könnte es nicht sein. Als Christen hätten wir im Gegenteil als allererste die Aufgabe, die Tragödien des Daseins wahrzunehmen, erstens, um sie durchzuarbeiten, zweitens, und um sie auf Gott hin zu öffnen, drittens. Zwischen Karfreitag und Ostern wäre eine Menge zu tun, statt der Ausrede: Wir sind doch im erlösten Christentum, schon durch die Taufe, *beati possidentes* – glücklich sind die im Besitz (des Richtigen)! Eine solche Haltung der rituellen Selbstberuhigung ist kein Christentum, und deshalb geben uns gerade die griechischen Heroinen und Heroen genau die Frage auf, die wir brauchen, um wieder zu uns selbst zu kommen.

Wir können das Ganze scheinbar auch ganz untheologisch trivial abmachen. Vor Jahren las ich in der F. A. Z. von dem »Luxus einer tragischen Weltsicht«; man wollte sagen: Leute, die so kompliziert die menschliche Wirklichkeit wahrnehmen, dass sie allerorten Tragödien begegnen, sind eigentlich nur zweifelhafte Bürger. In einer solchen Weltsicht ist nicht zwei mal zwei vier, da gibt es keine geraden Wege, da ist nicht eine ordentliche Paragrafen-Gesetzgebung möglich, da ist immer noch was anderes, was man nicht vollständig verstehen kann. Die Wahrheit zu sagen: Die Tragödie ist die Wahrheit unseres menschlichen Daseins! Wir könnten christlich auch sagen: Die Grundtatsache unseres Daseins besteht in unserer radikalen Erlösungsbedürftigkeit. Wir müssen theologisch korrekt sogar sprechen von etwas, das den Theologen scheinbar ganz aus der Hand kommt: von der Last der Erbsünde. Die Geschichte davon in der Bibel ist ebenfalls durch und durch mythologisch und drängt sich in Parallele zu den griechischen Überlieferungen in ihrer Weltsicht geradezu auf.

In der Psychologie jedenfalls sehen wir gerade an dieser Stelle, in Gen 3, 1-7, sofort klar. Zu tun haben wir es nicht mit einem historischen Urelternpaar, mit Adam und Eva, zu tun haben wir es mit uns selber in all den Verwirrungen unseres Lebens. Und ebenso die Leute neben uns, die wir am liebsten haben und in die Arme und ins Herz schließen möchten, auch denen geht es nicht anders als uns.

All das kann man lesen in der Weltliteratur, die nie aufhört, aktuell zu sein. Aber um das zu tun, bräuchten wir unendlich viel mehr als die Vorurteile des ethischen Optimismus der Stoa und der Gemütlichkeit der Epikureer. Was wir Moral nennen, ist bei Lichte betrachtet sogar Teil des Problems. Denn Phädra stirbt einer Ethik der Scham wegen. Was werden die Leute sagen, wenn sie dahinterkommen, was ich getan habe? Das ist ihre Hauptsorge. Sie hat nie *eigentlich* gelebt, nie in der eigenen Wahrheit. – Wenn und weil es so steht, brauchen wir für die Durcharbeitung der menschlichen Tragödie eine Liebe, die umgreift, versteht und sich gemeinsam auf den Weg macht, brauchen wir eine Perspektive, die den Belastungen sogar der Schuld und der Verwirrungen des Herzens standhält.

Es ist demnach definitiv nicht möglich, epikureisch das Leben einzuschließen und die paar Jahrzehnte unseres Dauerns rein physisch hinzuleben, bis ein Ende kommt, das nie etwas beenden wird. Es gibt auch dafür Beispiele in der antiken Literatur, die in diesem Sinne ganz dicht bei der Botschaft Jesu sind; wenn Sie jedenfalls ein Probierstück wollen, warum es nützlich ist, sich mit dem antiken Griechenland zu beschäftigen, nicht nur um dem Tourismus in einem finanzgebeutelten europäischen Staat aufzuhelfen, sondern um sich selber zu begegnen, dann hätten Sie es vor sich in diesen beiden folgenden Gestalten, die ich Ihnen vortragen möchte: einer historischen und einer dichterisch-mythologischen.

Die historische Gestalt ist Sokrates. Wenn ich soeben noch sprach von jener Schamkultur der Phädra, dann müssen wir jetzt sagen: Sokrates ist damit unvergleichbar. Er war einer, der seine ganze menschliche Haltung von der Frage isolieren konnte, was andere von ihm denken. Das Einzige, was er herausfinden mochte, war, ob das denn stimmt, was die andern von sich selber denken. Überall traf er Leute, die sich unglaublich schlau vorkamen, die scheinbar alles wussten im Raum der Politik und der Wirtschaft; und solche Leute sind die Staatenlenker in Athen! Sie können jedes Problem lösen; auch auf dem Areopag können sie so sprechen, dass alle Probleme scheinbar zum Verschwinden gebracht werden. Nur, hört man mal zu, was sie zu sagen haben, so hat's keinen Inhalt, keine Konsequenzen, es geht um die Ecke schon wieder ganz anders – jeglichen Sachverstand lässt es vermissen. Er, Sokrates, hingegen weiß zumindest, was er nicht weiß. Und damit nervt er seine Zeitgenossen, bis dass sie ihn, den Lästigen, abschaffen. Sie machen ihm den Prozess. Verschärfend kommt hinzu: er glaubt nicht an das *Ius talionis*, dass man Gleiches mit Gleichem vergelten müsse, ganz im Gegenteil: Auf Unrecht muss man antworten, indem man es *nicht* mit neuerlichem Unrecht quittiert, ist seine Meinung; Böses darf man nicht mit Bösem beantworten. Das ist das Ende des ganzen Strafrechts in Athen.

Für solche Überschreitungen des bürgerlichen Sachverstandes beschließt man, Sokrates umzubringen. Nun also sitzt er im Gefängnis – wir können archäologisch den Ort seines letzten Aufenthalts sogar genau bestimmen – und wartet auf den Tod, auf den Schierlingsbecher, den man ihm reichen wird, und spricht mit seinen Schülern darüber, warum es ihm möglich ist, ohne Angst zu leben vor den Menschen und ohne Angst hineinzugehen in den Tod. Er kann es im Vertrauen, so seine Erklärung, dass er jetzt, wenn er denn stirbt und der Schierling von unten hoch zum Herzen hin den Körper erkalten lassen wird, im Sonnenaufgang der Ewigkeit seinen wahren Richtern begegnen wird. Einer von denen, den Demeter eingesetzt hatte in Eleusis, war Triptolemos, der die Menschen gelehrt hatte, mit Pflügen die Erde aufzureißen und Fruchtbarkeit zu säen. Er ist auch das Maß, um den Wert des menschlichen Lebens richtig zu justieren; und auch anderen wird Sokrates als seinen Richtern begegnen: dem Aiacos, dem Rhadamantys, dem Minos – sie gemeinsam werden das wahre Urteil über ihn sprechen.

Ich erwähne dies, weil es besser gar nicht zu formulieren ist, als Plato es aufgezeichnet hat. Wenn wir uns wirklich wahrmachen lassen, wovon unsere Mainstream-Medien voll sind: Es komme darauf an, dass uns der Heiligenschein im Fernsehen umhüllt, es komme darauf an, wie die Gazetten uns darstellen, es sei das Wesentliche, wie unser Nachruhm zu bereiten ist, es komme darauf an, die Mehrheitsmenge zum Zeugen zu nehmen, wie sie sich gerade äußert, mal pro, mal kontra, mal auf, mal nieder, und die Summe all dieser Momentaufnahmen sollten am Ende wir selber gewesen sein, dann wird man Sie gerade dadurch hindern, auch nur einen einzig entscheidenden Blick auf sich selber zu tun. Sie können, mit anderen Worten, Menschlichkeit nur gewinnen mit einer Perspektive, die weit ins Unendliche über das Richtmaß von allem, was Menschen sind, hinausreicht, indem Sie damit rechnen, dass ein Wort zu uns gesprochen wird in Wahrheit von Gott selber.

Wenn *das* Sterben heißt, ist es ein Wunderbares; denn es ist dann möglich, in den Tod zu gehen, wie Jesus im Lukas-Evangelium im 23. Kapitel es tat, als er sterbend den 31. Psalm zitierte: »Lieber Vater, in deine Hände gebe ich mich ganz.« – Es ist darum nicht wahr, was G. W. F. Hegel sagte, die Weltgeschichte sei das Weltgericht. Diese Perspektive ins Unendliche, dass das, was wir sind, bei dem Ewigen selber steht, erlaubt uns allererst, wirklich in der Zeit zu leben.

Gewiss, wahre Epikureer werden das nie begreifen, denn sie haben diese Perspektive scheinbar gar nicht nötig in ihrer Wohlversorgtheit. Aber wenn Ihnen der Boden unter den Füßen aufreißt, wofür ich ein Stück weit sorgen wollte in den letzten anderthalb Stunden, begreifen Sie, dass eine solche Perspektive der Hoffnung unbedingt nötig ist, ja, dass sie unerlässlich ist, um Menschlichkeit zu ermöglichen.

Die dichterisch-mythologische Gestalt, von der zu sprechen ich Ihnen in Aussicht stellte, ist Antigone. Ihre Geschichte spielt wieder in Theben, im Hause des Tantalos: König Kreon hat verfügt, dass einer ihrer beiden Brüder, Polyneikes, wie er schon heißt, der ewig »Streitsüchtige«, nach einem mörderischen

Zweikampf mit seinem Bruder Eteokles unbestattet verrotten soll zum Fraß für die Raben und die Tiere. Antigone weiß, dass dieses Gesetz illegitim ist gemessen an der Pietätsforderung. Niemand in einer Familie darf im Tode einen andern endgültig verstoßen. Und so spricht sie bei Sophokles Worte, für die es sich lohnt, jemals Griechisch gelernt zu haben: »Denn dieses Wort, oh König, ist gesprochen nur von Euch, nicht eingeschrieben in der Menschen Herz, wo urlängst schon der Götter Spruch gemeißelt steht«, erklärt sie sinngemäß:. »Mögt Ihr mich eine Törin nennen, so ist vielleicht der selbst ein Tor, der solche Worte spricht.«

Kreon wird ihr erklären, dass sie augenblicks sterben wird, wenn sie so an ihrer Haltung festhält, und dass ihre Liebe zu Haimon, seinem eigenen Sohn, null und nichtig ist, wenn sie ihren Widerstand nicht aufgibt. Der Herrscher über Theben wird sie in der Tat einschließen in ein Grab, in dem sie verhungern wird. Doch Antigone wird sprechen, dass es ein ander Gesetz gibt, eben das der Persophoneia, wirkend hier auf Erden, und dass sie wiedersehen wird ihre eigenen Familienangehörigen in Dankbarkeit dafür, dass sie des Königs selbsterlassenes Gesetz missachtet zugunsten des ungeschriebenen und ewigen Gesetzes des Göttlichen im eigenen Herzen: »οὔτοι συνέχθειν, ἀλλὰ συμφιλεῖν ἔφυν« – »Denn nicht, um mitzuhassen, mitzulieben bin ich da«, sagt sie, in möglichst wörtlicher Übersetzung. Es wäre das Vermächtnis des gesamten antiken Griechenlands, interpretiert im Wesen dessen, was wir christlich nennen, und ermöglicht in einer Haltung, die es wagt, im Vertrauen auf jene andere Welt diese uns sichtbare wirklich zu verändern.

Nur einen Wunsch noch und ein Schlussbild hätte ich: Es gibt eine Geschichte bei Homer, in der »Ilias«, wie voneinander Abschied nehmen Andromache und Hektor. Der Mann weiß, dass er sterben wird und dass das stolze Ilion niedersinkt. Er handelt in gewissem Sinne nicht einmal aus Pflicht. Wohl will er für kurze Zeit noch seine Frau und seine Kinder schützen und ebenso die heilige Burg Trojas, doch eigentlich ist er motiviert nur durch das Ethos einer Kriegerkultur. Tapferkeit als Mann – sich darin zu zeigen und darin Ehre zu finden, das ist die Identität eines Hektors. Was aber Homer auch schon schreibt und was später Ovid in den »Geschichten der Sagenfrauen« zwischen Laodameia und Protesilaos, dem Mann, der »als Erster des Volkes« auf trojanischem Boden von Hektor von der Lanze erstochen werden wird, beschreibt, ist die Tragödie, dass, wenn Männer nur Männer bleiben, immer wieder Frauen zurückgelassen werden, deren Liebe zerbricht vor Schmerz. – Erneut schildert wiederum Euripides in den »Troerinnen«, was der Krieg mit Menschen macht. Er tut das so eindringlich, dass mitten im Ersten Weltkrieg Franz Werfel Euripides' »Die Troerinnen« auf die deutschen Bühnen brachte. Heinrich Böll schrieb nach dem Zweiten Weltkrieg: »Wenn doch die Wartesäle der Züge, in denen die Männer Abschied nahmen von den Frauen, schreien könnten – es gäbe keine Kriege mehr.«

Ich sage das, weil auf diesem Kirchentag wahrscheinlich unwidersprochen bleiben wird der Ausspruch von Ex-Pastor Gauck, dass man stolz sein müsse, erleben zu dürfen, wie eine Armee nicht mehr der Unfreiheit wie in der DDR, sondern nunmehr im befreiten Deutschland als ein Militär der Freiheit Weltverantwortung wahrnehme; Herr de Maizière erklärt gleichzeitig, dass wir die ganze Diskussion darüber hinter uns hätten, ob Auslandseinsätze sein dürften. Auch das Fernsehen berichtet inzwischen, dass der Einsatz von Drohnen in gewissen Ausnahmefällen von der deutschen Bevölkerung, ich glaube es waren 53 Prozent gestern Nacht noch, genehmigt werden wird. Das alles soll scheinbar so weitergehen – Andromache, Laodameia … »Wenn es überhaupt nur Infanterie gäbe« schrieb Böll weiter 1947, »gäbe es keine Kriege mehr.« Aber die Drohnen werden sie uns besorgen, die Kriege, denn dann sehen wir sie nicht mehr, und dann betreffen sie uns scheinbar auch nicht mehr. – Ich wünschte, ein Kirchentag hätte den Mut, aus den Tragödien der Menschen die Welt zu ändern, statt mit dem Geschwätz von Fortschritt, Verbesserung, Gerechtigkeit und Wohlstand für alle und dem ganzen Üblichen an Verlogenheiten nur immer wieder dem Krieg neue Nahrung zu geben.

Abschließen möchte ich mit einem Bild: Prodikos von Keos hat es aufgeschrieben, und wir würden es nicht kennen, wenn nicht Xenophon in den »Memorabilien« es überliefert hätte. Es ist die Geschichte von Herakles am Scheideweg: Der edle Heros des antiken Griechenland fand sich zwei Frauen gegenüber, eine blond gelockt und wunderschön gestaltet, hochbusig, mit schlanken Fesseln, die ihn zu sich einlud; eine andere daneben, zu Boden blickend, demütig, mit straffen Haaren und kleinem Mund, forderte ihn ebenfalls auf, sie zu begleiten: »Ich bin die Tugend«, sagte die Letztere; »Ich bin die Lust«, sagte die andere; und ein Held, wie Herakles es war, wählte natürlich die Tugend, die Arete, nicht die Tryphe, das Laster.

Diese Geschichte fand nicht ganz in Ordnung Pierre Louys im 19. Jahrhundert. Er nämlich schrieb gerade an seinem Buch »Aphrodite«, und er meinte, diese sehr tugendeinseitige Erzählung müsse wohl für die Kinder erfunden worden sein, er jedenfalls wolle sie mal übersetzen für Erwachsene, und er erzählt deshalb nicht von Herakles, sondern von Odysseus, einem Mann, der schon allerhand im Leben gelernt hatte im Umgang etwa mit Kirke und mit Calypso und mit der Königstochter Nausikaa in Scheria, bei den Phäaken, kurz: einem Lebenserfahrenen. Dieser Odysseus also besah beide Frauen sich gründlich und kam zu dem folgenden Urteil: »Unmöglich ist es«, sprach er, »dass ich wählen könnte die Tugend ohne die Lust, denn könnte ich tugendvoll leben, machte es mir nicht selber Sinn und Erfüllung? Aber könnte ich leben nur die Lust, ohne ein gutes Gefühl dabei zu haben, auch ein guter Mensch zu sein? Ich wähle euch beide.« So sprechend erlebte er, wie Tugend und Lust sich verwandelten in die Göttin Aphrodite. – Wenn's möglich wäre, dass alles in uns zusammenkäme und die Widersprüche der menschlichen Seele, getragen von Liebe, vereinten sich so, schenkte uns dies den Schlüssel zum Durcharbeiten aller denkbaren Tragödien; dann wären wir wirklich »Erlöste« vermöge der Liebe der Göttin, die Macht hat sogar über Hades, den Herrn der Unterwelt.

Und so wird's erzählt als Inhalt und Ziel der antiken Mythen: Am Anfang der Welt schickte Zeus zwei Adler aus, die Erde zu vermessen, und wo sie sich träfen, sollte, im windlosen Raum, bei gleichmäßiger Geschwindigkeit, dort, am Mittelpunkt der Erde, sein Heiligtumsort sein, der Nabel der Welt. Das war Delphi. Im heiligen Delphi herrscht zwei Drittel des Jahres der Gott der Klarheit, Apoll, ein Drittel des Jahres aber der Gott der Leidenschaft, Dionysos. Und wie beide nun zusammenkommen, das ist die Aufgabe unseres Lebens. Es wird nicht gehen ohne den Glauben an die Liebe und an die Unsterblichkeit, denn niemand findet Eingang zum Tempel des Apoll von Delphi, außer er liest und befolgt, was dort geschrieben stand: Erkenne dich selbst. –

Ich danke Ihnen sehr für Ihre Aufmerksamkeit. *(Beifall)*

Der Dank liegt wirklich ganz bei mir, denn jetzt muss ich ehrlich sagen, es war dieser Vortrag, wenn Sie so wollen, eine Premiere, gehalten in freier Rede. Im Juni kommt ein Buch heraus unter dem Titel: »Liebe, Leid und Tod. Daseinsdeutung in antiken Mythen«. Das Buch hat 700 Seiten, und daraus anderthalb Stunden Vortrag zu machen, sodass Sie zuhören und am Ende noch applaudieren, ist nicht ganz einfach, ist aber hoffentlich den Versuch wert gewesen. *(Beifall)*

Solche 700 Seiten übrigens sind nicht zur Abschreckung gedacht, sondern als Einladung. Immanuel Kant hatte völlig recht, als er meinte, manche Bücher wollten nicht so lang sein, wenn sie nicht so kurz wären. Daraus geht im Umkehrschluss hervor, was sich ordentlich liest, müsse entsprechend auch genügend Wörter zur Verfügung haben.

Teil II

Fragen aus dem Publikum an Eugen Drewermann

Drewermann: Denen, die schon gehen möchten oder müssen, wünsche ich natürlich eine ganz, ganz schöne segensreiche Fortsetzung des Kirchentages und irgendwann denn auch, dass Sie buchstäblich gut bei sich zu Hause ankommen.

Zuhörer: Sterblichkeit bejahen wegen unserer Unsterblichkeit. Reicht es nicht, Sterben bejahen, weil Leben ein Stück erfüllt gelebt wurde? Auch mit all den Unvollkommenheiten und Begrenzungen unseres Lebens, mit all den Tragödien, die Sie uns vorgestellt haben, wenn sie durchgearbeitet sind und auch ein Stück Leben bedeuten? Transzendenz, ja oder nein?

Drewermann: Ich gebe das jetzt mal so wieder: Kann man nicht so leben, dass man unerachtet der Transzendenz, die wir neutralisieren, versucht, realistisch die Konflikte, die es gibt, durchzuarbeiten und dadurch seine Zufriedenheit zu gewinnen: ein erfülltes Leben, ein vollendetes Leben. Dann mag das Ende kommen, und man ist damit einverstanden – geht das? So verstehe ich Ihre Frage.

Zuhörerin: Guten Tag, Herr Drewermann, ich komme von »Kultur des Friedens« in Tübingen – wir hatten Sie ja auch schon ein paar Mal eingeladen –, und ich wollte mich noch einmal ausdrücklich für die kurze, aber wichtige Bemerkung bedanken, die Sie in das Jetzt und Heute geholt haben: die Situation mit dem Drohneneinkauf, die Diskussion hier auf dem Kirchentag, und ich möchte einfach auch an Sie noch mal appellieren: Es gibt vier oder fünf Auftritte des Verteidigungsministers hier auf dem Kirchentag, und ich halte es für extrem wichtig, dass wir uns da zu Wort melden und die wichtigen Fragen stellen und dies in die Diskussion einbringen. Da möchte ich noch einmal appellieren und danken, dass Sie das gemacht haben, weil, wenn nicht hier, wo ist dann der Ort, wirklich richtig für das Leben aufzustehen? Danke schön.

Drewermann: Merkwürdigerweise liegt da indirekt sogar eine Antwort auf die erste Frage drin, aber ich gebe das jetzt mal so weiter: Es ist Ihr eigener Bischof, der Militärbischof der Protestanten, der erklärt hat, dass die Drohnen, genau wie de Maizière es sagt, nichts weiter sind als eine Art der Luftwaffe. Da müssen Sie sich mal engagieren.

Wir sind längst so weit, dass die militärische Umdressiererei bis in die Schulklassen im Dauerlauf marschiert, und das will unsere Kanzlerin, Pastorentochter Frau Merkel, genauso wie Herr Gauck, Ex-Pastor, und der Zwang, dass man alle aus den neuen Bundesländern, die damals in der Friedensbewegung waren, zur Akzeptanz genötigt hat, dass wir Militärpfarrer kriegen genau wie in der Adenauer-Zeit, dass wir die Nato-Ostausdehnung sang- und klanglos als internationale Friedenshilfe definieren: – der ganze Schwindel ist im gesamten Programm seit zwanzig Jahren auf dem Vormarsch. Sie haben völlig recht: Wo, wenn nicht bei Protestanten, wäre noch was zu machen, aber Sie *müssen* wirklich was machen. – Sammeln wir an Fragen weiter.

Zuhörer: Ich war lange Gefängnispastor und bin dadurch geprägt worden, ich bin Ihnen auf Neuengamme (einem ehemaligen KZ im Süden von Hamburg, das dann zur JVA wurde) begegnet: Es geht um die Grundfrage, ob Jesus nicht im Zentrum seiner Botschaft gesagt hat, ihr sollt einander vergeben. Das wiederum ist nur möglich mit der Botschaft der Liebe, von der Sie auch gesprochen haben. Für mich ergibt sich daraus eigentlich zwingend die Überlegung, wo stammen eigentlich unsere Handlungsentschlüsse beziehungsweise unsere Gedanken her? Sind sie uns nicht vorgegeben? Für mich ist das also ein Teil der Schöpfung, dass meine Möglichkeit, zu denken und dann eventuell auch zu handeln, dass sie mir vorgegeben ist von ebendiesem Gott, den wir sonst nicht näher kennen, aber der uns genau zu dem befähigt, was wir jetzt tun beziehungsweise auch was wir vertun, und dass es gegenseitig unsere Aufgabe ist, das zu verstehen, warum wir so handeln, und nicht uns zu verurteilen, und für mich liegt eigentlich darin das ganze Zentrum des christlichen Glaubens. Kurzerhand, darin. Und da wollte ich Sie gerne fragen, wie Sie auch über die Möglichkeit der sogenannten Selbstbestimmung des Menschen denken.

Drewermann: Ganz schön; denn wir kommen genau wieder zu den Themen zurück, von denen wir gesprochen haben.

Zuhörer: Ich möchte Sie zitieren mit einem Halbsatz aus Ihrem Vortrag, den ich mir notiert habe, er lautete: »bis zu jener anderen Welt, da wir uns wiedersehen«. Und ich halte dem entgegen vier Zeilen von einem Dichter, den Sie kennen: »Lasst euch nicht verführen,/ es gibt keine Wiederkehr./ Der Mensch stirbt mit den

Tieren,/ und nichts kommt hinterher.« Wie verhält sich das bei Ihnen im Zusammenhang mit all den Bildern, die das Christentum über ein Jenseits entwickelt hat?

Drewermann: Da bräuchten wir keinen Gegenwartsdichter, das finden Sie auch in der Bibel im Buch Kohelet. Kann man damit leben, oder wie gehen wir damit um? Genau!

Zuhörerin: Ich wollte Sie gerne mal fragen, was halten Sie von den neuen Ergebnissen der Quantenphysik, die ja herausfindet, dass die Schwingung, die wir senden, über unseren leiblichen Tod hinaus bestehen bleiben im Sinne von Information.

Drewermann: Quantenphysik und Informatik, sind das mögliche Antworten, die wir auf unsere Daseinsfragen gewinnen können? – Wir sammeln einfach noch ein bisschen weiter, wenn Sie Lust haben.

Zuhörer: Sie haben uns auf Ihrer Reise durch Güte und Barmherzigkeit mit der griechischen Mythologie beschäftigt. Wir sind nun auf einem evangelischen Kirchentag. Hätten wir es uns nicht etwas leichter machen können, indem Sie Geschichten des Alten Testaments oder Gleichnisse des Neuen Testaments nehmen könnten?

Drewermann: Wäre es nicht möglich, dass wir bibelgestützt und vertraut dieselben Dinge hätten aufbereiten können? Ich gebe zu, das wäre möglich, aber hauptsächlich mit Geschichten, von denen Sie wahrscheinlich gar nicht glauben, dass sie im Alten Testament drinstehen. Mit solchen kann ich dienen, und ich gebe gleich noch zur Kenntnis und tue zu wissen kund, wo Sie wühlen müssten und was ich Ihnen erspart habe.

Zuhörerin: Ich möchte darauf zurückkommen, dass Sie sagen, dass wir individuell glauben und dieser individuelle Glaube in uns wächst, und ich frage mich, könnte nicht die Kirche, die evangelische und auch die katholische, zu uns in irgendeinem Zeitpunkt – vielleicht zur Zeit der Konfirmation – sagen: So, jetzt hast du genug Wissen, du hast alles gehört, die Bergpredigt zum Beispiel ganz besonders, und jetzt entlassen wir dich aus der Kirche. Jetzt kannst du alleine deinen Glauben leben, und Gott ist gerade dabei mit dir.

Drewermann: Wäre es nicht vorstellbar, wir hätten eine kirchliche Begleitung, eine Katechese, die darin bestünde, Menschen mündig zu machen? Und die am Ende wie gute Eltern ihren Söhnen, ihren Töchtern den Abschiedssegen in ihr eigenes Leben gäbe? So verstehe ich Ihre Frage, und sollten wir nicht sogar daran arbeiten, solche Kirchen zu bekommen?

Zuhörer: Ich wollte Sie bitten, dass Sie zu der sogenannten Opferung Isaaks ein bisschen was Näheres sagen können und vor allem die ganzen Misserklärungen, die geschehen sind und die ja viele, vor allem auch evangelische Kinder geprägt haben bis zu ihrem Tod sozusagen, weil diese verhängnisvolle Geschichte falsch erzählt wurde und auch wunderbar dann immer noch so dargestellt wurde mit dem Messer in der Hand usw. Und dann wollte ich Sie noch bitten: Sie haben das nur so angedeutet mit dem Abendmahl und der Eucharistiefeier. Ich denke mir, es ist eigentlich eine sehr wichtige Sache, und ich bin evangelischer Pfarrer und lade gerne die Menschen, die getauft sind, zum Abendmahl ein, und sie erleben da etwas Besonderes dabei. Sie haben das ja angedeutet, es wäre wichtig, aber andererseits, wenn Sie das noch ein bisschen ausführen könnten, wie Sie es gemeint haben.

Drewermann: Sehr gut. Ich danke für solche Fragen natürlich, weil sie das Thema weiterführen.

Zuhörerin: Ich arbeite viel mit Kindern und Jugendlichen und erlebe bei mir selber, dass dieses Sich-selber-Kennenlernen, dieses Bei-sich-selber-zu-Hause-zu-Sein, etwas ist, was man in der Tiefe tut, um sich auf den Weg zu machen, dass es einen auch immer wieder an Grenzen bringt. Und im Moment habe ich den Eindruck, wir erziehen Kinder und Jugendliche in diese Mainstream-Gesellschaft hinein. Und meine Frage ist: Müsste Kirche nicht dann ein Ort sein, wo sie das überhaupt einmal hören und erfahren: Nur 4 Prozent sind uns bewusst, und 96 Prozent ganz unbewusst, und wie lerne ich, damit zu leben?

Zuhörer: Wenn Sie von Kirche und Gesellschaft sprechen, was erfüllt Sie da mit Hoffnung und was mit Sorge? Was erwarten Sie?

Drewermann: Also, wir fangen natürlich – die Letzten werden die Ersten sein – mal da an, wo Sie gerade aufgehört haben, bei den gesellschaftlichen Erwartungen, und kommen dann ganz gut ins Thema.

Was sich politisch erwarten lässt, weiß ich nicht. Ob ich's hoffen mag, auch nicht, aber ich verbinde in religiöser Absicht Ihre Frage am besten mit einer Grundhaltung von Protestanten, die die Reformation überhaupt nur möglich gemacht hat. Das Wissen Luthers war's, dass die menschliche Angst sich nicht beantworten lassen darf durch die päpstliche Ausbeutung des Ablasspfennigs zum Bau des Petersdoms. Antworten auf Angst kann nur eine Güte, die den Menschen ganz umgreift, wie immer Sie das jetzt in der Gnadenlehre ausformulieren. Und so steht das im Neuen Testament. So ist es vor Gott wahr, und so brauchen es die Menschen. Entweder also halten sich der Papst und die Kardinäle daran, oder sie lassen es bleiben; das entscheidet über *diese,* nicht über die Wahrheit. Damit begann's, und dann haben wir den erstaunlichen Augenblick in Worms 1521. Historisch ist nicht der Ausspruch: »Ich stehe hier und kann nicht anders«, aber zu Protokoll gegeben wurde das Resümee von Karl V. Der mächtigste Mann der Welt erklärt nach etwa einer Woche Hin- und Her-Verhandeln mit den Fürsten und den Geistlichen: »Es will mir nicht erscheinen, wie ein einzelner Mann recht haben könnte gegen die gesamte Christenheit.«

Dass genau das möglich ist, es ist der Beginn dessen, was wir protestantisch nennen. Ein Mensch steht in seiner Person verantwortlich vor Gott. Und er hat keine andere Aufgabe, als das, was er begriffen hat, zum Zeugnis zu machen. Was dabei herauskommt, ob sie ihn dafür totschlagen oder ob da eine Weltbewegung daraus wird, ist nicht mehr Teil seiner Verantwortung. Wie bei allen Propheten im Alten Testament gilt es, geradezustehen mit der eigenen Person im Gegenüber Gottes. Fertig! Wenn das protestantisch ist, hätte ich jede Hoffnung, dass es begriffen werden müsste, denn unterhalb dessen ist die Sache Jesu nicht zu gewinnen. Da ist auch nach 500 Jahren in der katholischen Kirche kein ander Entrinnen, als geständig zu sein, dass es sich so verhält. Und von daher auch beantworten sich all Ihre Fragen nach den gesellschaftlichen oder kirchlichen Hoffnungen und Erwartungen.

Natürlich bedaure ich, dass die Reformation sehr bald in die Hände der Fürsten geraten ist, historisch lässt sich das alles irgendwie erklären; wünschen würde ich mir trotzdem, dass die protestantische Theologie das Format noch hätte, das sie vor etwa fünfzig, sechzig Jahren im 20. Jahrhundert hatte. In der Auslegung der Bibel besaß sie damals eine ganz große Kompetenz in ihrer historischen Ehrlichkeit und in ihrem Suchen nach Glauben; sie verfügte zudem über eine Sprachmächtigkeit, in der sich Theologie verantworten musste vor der Predigt; ganz deutlich war vor allem das Wissen, die entscheidende Frage der biblischen Religion stelle sich unter den Augen Gottes nach den Menschen.

Man hat gleichwohl versäumt in all der Zeit, das Anliegen der sogenannten anthropologischen Wende psychologisch durchzuarbeiten. Ich glaube, dass die Synthese zwischen den beiden großen Konfessionen nur erfolgen kann, wenn gerade das geschähe, wovor sie beide Angst haben: die Integration der Psychologie in die Theologie. Die Protestanten fürchten, sähe man ins Herz der Menschen, könnte Gott verloren gehen – dann wär ja alles nur Psychologie; die Katholiken brauchen demgegenüber eine psychologische Erarbeitung des Subjekts anscheinend gar nicht, denn sie haben die ganze Psychologie objektiv, projektiv in ihren Sakramenten. Das muss sich jetzt im Mai nur abfeiern, und man hat, ohne Person zu sein, alle möglichen Antworten im objektivierten Ritualzustand.

Beides aber: die objektiv vorgegebenen Bilder im Unterbewusstsein der Seele und das persönlich geformte Bewusstsein gehören zusammen; ihre Einheit aber kann nur gelingen, wenn wir es lernen, die eigenen Glaubenslehren symbolisch (statt dogmatisch) zu interpretieren. Deswegen ist es nicht gleichgültig, ob und wie wir die Alten lesen. Und ebenso, wie wir die Bibel lesen. Ich behaupte, wir werden sie nicht verstehen ohne den Kontext der Vergleichbarkeiten in der Mythologie der Antike. Denn erst wenn wir die Allgemeinheit der Ausdrucksformen des Religiösen historisch und psychologisch verstehen, begreifen wir uns selber und hören auf, den Menschen mit apodiktischen Behauptungen über unsere biblisch-christliche Unvergleichlichkeit Unrecht zu tun. Und erst, wenn wir zeigen, was die Symbole der Religion in unserem eigenen Leben bedeuten, vermögen wir sie quasi therapeutisch auf dem Weg der »Erlösung« zur Personwerdung einzusetzen.

Mit Protestanten in diesem Sinne verbinde ich vor allem dies: das Wissen, dass Glaube und persönliche Identität ein und dasselbe sind, wie Bedingung und Folge.

Im Folgenden entferne ich mich jetzt von diesem Thema und komme zu der Frage, was es denn mit Isaak auf sich hat – wie kann man diese Geschichte auslegen? Tatsächlich hat man Autoritätsgehorsam, Fürstenunterwürfigkeit, Gottesgnadentum von Kaisern und Päpsten und allen möglichen Instanzen seit den Tagen Konstantins in diese Erzählung hineingelesen und damit die Botschaft Jesu gründlich verfälscht. Doch das hatte Methode. Sie haben seit dem Jahre 312 die Tatsache vor sich, dass Kaiser Konstantin nach der Schlacht an der Milvischen Brücke Jesus betrachtet als einen Kriegsgott: »In diesem Zeichen siegst du.« Fortan haben wir einen Jesus, wie wenn er Wotan oder Zeus oder Marduk wäre. Und das geht so durch das ganze sogenannte unchristlich-christliche Abendland. Chlodwig in der Schlacht von Zülpich wird Christ, weil der Christengott ihm zum Sieg verholfen hat. Karl der Große wird das nicht anders machen; man ist Kaiser, um Krieg zu führen, man ist König, um Krieg zu führen, und auf dem Sieg ruht der Segen Gottes. Anders ist das nie gewesen. Was also wunder, wenn es im Deutschen Kaiserreich nach 1871 so weiterging, und wenn der Führer 1933 mit dem

Reichskonkordat in den Sattel gehoben wurde, und wenn George W. Bush immer noch so schwätzen kann, wie auch sein Vater schon im Jahre 1991 im zweiten Golfkrieg: »Dies ist ein Krieg, der nicht geführt wird zwischen Christen und Muslimen, sondern um das, worum jeder Krieg geführt wird, um Gut und Böse, und ich sage, der Sieg kann nur der Sieg des Guten sein.« Wenn dieser Wahnsinn hingeht mit kirchlichen Begleitgesängen, wenn der Bible Belt triumphiert, dass uns Gott diese Führer schickt in der Stunde der Krise, dann müsste eine Menge passieren im Sinne Ihres Friedensengagements, keine Frage. Die Art von Gehorsam, von Untertanentum, wie wir sie gelernt haben, gehört gleichwohl nicht in den Protestantismus, sosehr er da großgezüchtet wurde gerade in der deutschen Geschichte unter den Preußen.

Mit der Geschichte von Isaak, um darauf zurückzukommen, hat sich so viel verbunden an psychischer Entfremdung, dass Stanley Milgram vor über vierzig Jahren sogar sein Experiment »Abraham« danach benannt hat, um den Verbrechen des US-Militärs in Vietnam psychologisch auf die Spur zu kommen Er fand: Leute würden bis zum Verbrecherischen alles tun, wenn man ihnen nur eine Autorität vorstellt. Es kann ein Weißkittel, ein Arzt, ein Wissenschaftler, irgendjemand sein – die Leute werden alles tun, was ihnen gesagt wird. Nicht weil sie böse sind, weil sie

Berufssadisten wären – dazu muss man sie erst erziehen, aber aus Gehorsam, aus Gruppenverantwortung, aus Solidarität, aus Abhängigkeit, aus verweigertem eigenem Denken.

Deswegen lag mir sehr daran, die Geschichte von Isaak so aufzuschließen, dass sie der biblischen Themenstellung entspricht. Da muss man sehen: Die Erzählung Genesis 22 steht in der Mitte zwischen der Berufung Abrahams und schließlich seinem Ende; an dieser Stelle, einem Wendepunkt, ändert sich sein gesamtes Lebensverhältnis, und zwar nicht in die Zukunft hinein, um zahlreich zu werden wie die Sterne am Himmel und der Sand am Meer, sondern jetzt wird es zur Frage, wer du selber bist. Diese Frage vermittelt sich im Opfer Isaaks. – Ich sag es einmal generell: Alle Eltern stehen vor der Aufgabe, ihre Kinder einmal abgeben zu müssen. – Sie finden ein solches Thema auch in der Erzählung in Lukas 2 vom zwölfjährigen Jesus im Tempel: Irgendwann muss man merken, dass die eigenen Kinder dem wahren Vater gehören, nicht dem irdischen, und Sie werden die Angst, was wird jetzt aus meinen Kindern?, gar nicht los, außer, Sie setzen ein Vertrauen in ein Anderes, das Sie nicht sind, das auch die Gesellschaft nicht sein kann, in ein Absolutes, das über alldem steht. Oder es wird wieder die Unruhe weitergehen: Was alles kann passieren? Schon der nächste Anruf auf dem Handy, und die Welt fängt wieder an zu beben, wie wenn sie aus Pappmaché wäre. Sie können die Freiheit des andern in ihrer Ungesichertheit überhaupt nur begleiten in einem Vertrauen, das Sie nicht entlässt, aber erleichtert in Ihrer Verantwortung.

Dann mögen Sie recht haben: Eine Kirche sollte eigentlich so sein, dass sie auf Mündigkeit hin erzieht. Dafür wäre es äußerst hilfreich natürlich, Menschen zu finden, die im gleichen Glauben verankert sind.

Es ist schwer, und ich glaube sagen zu dürfen, ich weiß, wovon ich rede, wenn Sie in unserer Gesellschaft buchstäblich leben müssen wie in der Antike Diogenes, der am hellen Tage mit der Laterne auf den Marktplatz ging, um zu sehen, ob er Menschen vor sich hatte. So ähnlich ist das bei dem Suchen nach Gläubigen mitten im sogenannten christlichen Abendland. Es ist viel wert, Gemeinsamkeit zu erleben, ganz ohne Zweifel, und dafür ist Kirche da – genauso! Aber es kann Glaube nur sein durch die Passage der Individuation, und die muss im Christentum gefördert werden. Das wäre freilich das Ende der Abhängigkeit von den dogmatischen Formeln: Deswegen versuche ich ja, die gesamten Lehren des Neuen Testamentes, der Bibel, der Kirchengeschichte auf dichterische Art zu lesen. Nur dann hören sie auf, eine entfremdende Doktrin zu sein, die man abfragbar zur Verbesserung der Zeugnisnoten den Kindern in die

Gehirne pumpt. Als Bilder können Sie sie nicht abprüfen, denn bei einer existentiellen Aneignung poetisch-symbolischer Bilder ist die Frage nicht: »Wie korrekt schwätze ich etwas Gehörtes nach«, sondern: »Wie hat sich's in meinem Leben geändert, als ich diese Erfahrungen vermittelt bekam.« Auf diese Weise heben sich auch die Unterschiede zwischen den verschiedenen Religionen hinweg, von den Konfessionen gar nicht zu sprechen. Sie finden eine Einheit der Bedürftigkeit in allem, was menschlich ist, und ebenso eine Antwort, die so universal ist wie die Not der Menschen.

Dann sind wir bei Ihrer Parallelfrage: »Was machen wir mit dem Abendmahl?«, das ja mitten in die konfessionelle Zerrissenheit hineinlangt. Das eine ist, wir können, wie's denn auch beliebt und vor allem in der protestantischen Predigt heute, wenn ich richtig sehe, allgemein verbreitet ist, die Einladung Jesu an die Zöllner und Sünder zum Vorbild der Mahlgemeinschaft nehmen. Dann ist es die Botschaft des Abendmahls, niemanden auszugrenzen, alle zusammenzuführen, die Bedürftigen an allererster Stelle, jenseits der Schranken von Schuld und Unschuld, und Menschen als Erstes zu akzeptieren und ihnen das Gefühl zu schenken, dass sie Eingeladene sind. Das alleine schon ist eine Dimension der Abendmahlspredigt, die außerordentlich wichtig ist und ganz und gar jesuanisch. Nichts hat Jesus getan, dass man mit ihm ein Sakrament verbindet, in dem als Erstes geprüft wird, wer würdig sei, daran teilzunehmen – in der Art, wie es heute steht: Nur Katholiken dürfen die Eucharistie empfangen, Juden nicht, Jesus selber auch nicht, Muslime schon mal gar nicht, Wiederverheiratete, Geschiedene, Schwule, verheiratete Pastoren – sie alle nicht. Irrlehrer, um Gottes willen! Unter solchen Umständen wäre es natürlich äußerst kostbar, wir hörten mal eine solche Predigt über die Einladung zur Mahlgemeinschaft, die mit dem historischen Jesus und seinem Anliegen wieder etwas zu tun bekäme.

Sie aber fragen jetzt tiefer, weil ich die Lehren zum Beispiel im Johannesevangelium: »Ich bin das wahre Brot, ich bin der wahre Weinstock«, verbunden habe mit dem Demeter-und Dionysos-Kult, mit Eleusis und den entsprechenden Riten. Und da behaupte ich, dass wir im Hintergrund der Einladung an alle ein Vertrauen entwickeln müssen, dass selbst der Tod uns nicht trennen wird. Das geschieht in dieser Verdichtung der Feier des Gedächtnisses an den Tod und die Auferstehung Jesu.

Es ist der Kern eigentlich der gesamten Abendmahlsbotschaft, eine Antwort zu finden auf die tiefste Infragestellung des menschlichen Lebens durch den Tod. »Verkündet dies bis zur Ankunft des Reiches Gottes«, sagt Jesus zur Erinnerung dessen, was war, um die Zukunft zu gewinnen. Das ist Eucharistie: Tod und Auferstehung. So konnten die Väter, im 2. Jahrhundert schon, die Eucharistie beschreiben als ein Medikament, als ein Pharmakon der Unsterblichkeit, der Athanasia. Wer dies begreift, erwirbt Wissen und Vertrauen in der Erfahrung, unsterblich zu sein. Das ist dieselbe Mystik, die wir im Demeter-Kult in Eleusis antreffen und die im Neuen Testament sich mit dem Abendmahl verbindet. Ich glaube, wir müssen versuchen, diese symbolische Erfahrungstiefe wiederzugewinnen, ganz unbedingt.

Denn jetzt gehe ich weiter auf Ihre Frage ein: »Genügt es denn nicht, die Transzendenz zu lassen, wo sie ist? Wir leben doch auf Erden, da sind die wirklichen Fragen, und die müssen wir halt beantworten.« Ich glaube, dass wir das nicht können, wenn es keine Ewigkeit gibt – ich behaupte das jetzt mal und vermute, Ihre Lebenserfahrung und Einstellung hat eine Menge guter Gründe, erst einmal anders zu akzentuieren. Drum müssten wir jetzt persönlich länger sprechen, was wir nicht können, aber ich gebe zu bedenken: Wann immer Sie auf Konflikte stoßen, die gar nicht beantwortbar sind, weil Sie auch keine Lösung wissen, und ehrlicherweise als Therapeut, als Gefangenenseelsorger, als Mitmensch, als Ehemann, als Vater, als Lehrer, als Weiß-der-Kuckuck-was, feststellen müssen, Sie können die Not des andern nicht wirklich beantworten, brauchen Sie einen Hintergrund, der Sie in Begleitung bleiben lässt, der Sie dranbleiben lässt; dabei wissen Sie womöglich genau, dass Sie dem andern nicht wirklich helfen können, oder zumindest, dass Sie nicht wissen, wie Sie ihm helfen können. Trotzdem bleiben Sie dabei. Dafür brauchen Sie ein Motiv, vor allem, wenn Sie große Schwierigkeiten mit dem haben, was der andere getan hat, wie er sich verhält, wie er sich äußert.

Es gibt hundert Fragen, die wir immer wieder angetragen bekommen, auf die die Lösung indessen bei uns nicht stehen kann. Und damit leben zu sollen in einem Raum des Unabwägbaren macht es unmöglich zu glauben, es wäre in unserem Leben irgendwas fertig. Ich behaupte, Sie müssen nur eine Katze auf der Straße bei sich zu Hause aufnehmen, und Sie werden merken: das Leben ist eine Unruhe, die nie aufhört. Da ist immer was los. Fertig ist da niemals etwas, solange es dauert. Wofern wir jedoch damit rechnen, dass uns persönlich diese Lebensunruhe allemal überdauert, könnten Sie natürlich immer noch sagen: »Aber das ist dann halt das Leben, und meins endet an erlaubter Stelle.« Doch wir können und wollen wohl nicht immer weiterwirtschaften; irgendwann müssen und wollen wir wissen, womit wir bei uns selber und anderen dran sind, was das alles soll und wofür es gut ist. Und spätestens dann langen alle Antworten des Endlichen nicht aus. Im Gegenteil. Ich glaube, je klarer Sie sehen, was Ihr Leben war, werden die Zweifel sogar wachsen, was richtig und falsch war.

Ich sag's jetzt ganz persönlich: Ich bin erst gerade 72, aber die Fragen wachsen Tag für Tag. Vor dreißig Jahren dachte ich in so vielen Fragen noch klar zu sehen, wie es sein muss. Es lag auf dem Tisch, es musste nur noch so gemacht werden: Frieden, Umwelt, Dritte Welt ... Natürlich aber kam alles anders. Es kann durchaus sein, dass die ganze Friedensbewegung auch in Tübingen vor die Wand fährt. Nehmen wir an, das komme so – schon stehen Sie vor der Frage, wie Sie ein paar Dinge richtig tun, ohne jede empirische Aussicht, dass es sich lohnt. In dieser Herausforderung verstehen Sie etwas von dem Engagement des Martin Luther, von dem Karfreitag des Jesus aus Nazareth oder von Jeremia in der Grube, in die man ihn gesperrt hatte.

Plötzlich begreifen Sie, dass wahrhaftig zu leben jetzt nur möglich ist in einem Begegnis-Augenblick zwischen Ewigkeit und Zeitlichkeit; bildlich ausgedrückt: Sie brauchen die Sterne, um hier auf Erden klar zu sehen.

Deshalb ist die Hoffnung auf ein ewiges Leben alles andere als leer. Sie ist die *Bedingung* dafür, diese paar Jahrzehnte hier auf Erden anständig durchzustehen. Antigone wäre überhaupt nicht möglich, Jesus überhaupt nicht möglich ohne diese Erwartung, Sokrates – er wäre ein Unding, gäbe es nur die Richter in Athen. Also brauchen wir ein Urteil, das zu uns steht und das uns hilft, uns selbst zu wagen.

Dann sagen Sie aber: »Was ist denn mit dem Dichterwort oder mit dem Wort des Kohelet: Die Menschen sterben wie das Vieh, ein Unterschied zwischen ihnen ist nicht, denn beide hauchen sich aus, und beide fahren dahin in die Grube. Genügt das nicht? Denn faktisch ist es so.«

Dazu zum einen: Ich glaube nicht, dass man ernstlich leben kann, ohne die Verheißung ewigen Lebens. Wenn die zynische Bilanz lauten soll, das Leben könne halt beendet werden, egal, wo es dem Gotte Hades gefällt, wenn sein Knochengriff alles, was Liebe ist, auseinanderreißt, an jedem noch so unsinnigen Augenblicksmoment, lässt sich mit dieser Art von Vorstellung radikaler Nichtigkeit nicht ernsthaft Geduld, Respekt, Zuneigung, Würde, Engagement, das Risiko von Versuch und Irrtum, die ständige Gefahr von Versagen und Schuld so verbinden, dass es zu einer tragfähigen Lebensgrundlage würde. Ich sehe nicht, wo es herkommen sollte, wenn nur die Natur die Antwort wäre für das, was wir sind.

Ich schließe diese Bemerkung auch mit der Erwähnung der Quantenphysik zusammen. Da ist definitiv keine Hoffnung! Was die Quantenphysik uns erklären kann, ist, dass das Letzte, was von uns bleibt, die Abstrahlung von Gammaquanten sein wird, die Vermehrung der Entropie im Kosmos. Informationen enthält das eigentlich nicht, nur einen höheren Grad der Unordnung im Ganzen. Das ist physikalisch übrigens im Ganzen das, was wir Leben nennen: eine lokale Entropievermehrung, die bei hohem Energiedurchfluss durch Rückkopplung auf sich selber komplexe Muster aufbaut, deren Strukturbedingungen sich bald wieder auflösen, was wir dann Tod nennen.

Mit einer solchen Definition des Lebens als eines Aggregatzustandes von Energie fernab des thermodynamischen Gleichgewichts ist nicht zu leben. Das wussten die Griechen zum Beispiel in Gestalt der Göttin der Natur, der Demeter, selbst: Die Menschen wagen – wie sie – nicht zu lieben, solange die dauernde Gefährdung durch den Tod über ihnen lagert. Warum sollte man das auch tun?

Noch mal: Euripides erzählt davon an anderer Stelle in der Geschichte von Alkestis und Admetos; der bittet seinen Vater, einen alten Mann, zu sterben für ihn an der Stelle der Alkestis, auf dass beide, grade verheiratet, miteinander glücklich würden. Ein alter Mann, erklärt Admetos, hat doch sein Leben schon hinter sich, Alkestis, seine Braut, aber noch vor sich. Sein Vater, Pheres, jedoch wird sagen, ein jeder Mensch stirbt nur einmal. »Du siehst die Sonne grad so gern wie ich.« Es wäre eine Schande, am Leben so zu hängen? »Wenn ich gestorben bin, macht mir die Schande nichts.« Gibt es nur den Tod als letzte Antwort, bleibt wirklich nur der Egoismus – jeder ist sich selbst der nächste –, und die Schamlosigkeit und Unverschämtheit in der ganzen Anlage des Lebens; alle Skrupel wären ja nur hinderlich für das Glücksrittertun der Endlichkeit. – Das ist 420 v. Chr.

Wenn Sie jetzt sagen, aber geht das alles nicht auch mit dem Alten Testament oder mit der Bibel zu erläutern; warum brauchen wir denn ausgerechnet die Griechen, die Altphilologen, die humanistische Schule, die uns in der Geschichte der Schulausbildung in Deutschland doch mehr Melanchthon als Luther eingebrockt hat?, so ist zu antworten, einfach deswegen, weil es mit der Bibel gewiss auch so ähnlich geht, aber niemals in dieser dichten psychologischen Durcharbeitung. – Beschrieben finden Sie zum Beispiel die Liebe zwischen Kaunos und seiner Schwester Byblis – ein Inzestverhältnis. Das steht bei den Griechen. Nun können Sie sagen, ich will es aber wissen: Wie gibt es das in der Bibel? Ja natürlich gibt es das in der Bibel, in der Geschichte von Amnon und seiner Schwester Tamar. Der Kommentar der Bibel aber lautet in der Thronnachfolgegeschichte Davids: »So etwas tut man nicht in Israel.« Und anschließend wird Amnon von seinem Bruder umgebracht, weil David zu schwach ist, den Inzest zu rächen. – Eine Parallelgeschichte zu der unglücklichen Liebe der Phaedra zu Hippolytos finden Sie in der Bibel in der Episode der Begegnung der Frau des Portiphar und des hebräischen Joseph – so könnte es weitergehen! Der Gesamteindruck aber bleibt in der Bibel: das strenge gesetzlich-moralische Urteil.

Die Griechen, und in ihrem Erbe auch die Römer, sind da anders. Ovid schildert zum Beispiel, mit welchen Alpträumen Byblis von ihrer Liebe zu ihrem Bruder gar nicht frei wird, wie sehr sie eigentlich die Bindung an ihren Vater, der kaum eine Rolle spielt, auf ihren Bruder verschiebt, wie viel an Hilflosigkeit im Herzen von Menschen lauert, bis am Ende Dinge geschehen, die man gar nicht will. Aus Byblis wird in der griechischen Mythologie am Ende ein Fluss, der durch ganz Kleinasien fließt, indem er zerrinnt in Tränen. Rilke hat eine ganz schöne Passage dieser Liebenden im Unglück gewidmet; Trakel hat darüber geschrieben aus eigner Erfahrung, sehr schuldbeladen. Auch Ovid will nicht, dass man diese Tragödie moralisch rechtfertigt, aber er weiß, was sich in der Seele der Menschen abspielt; – das tut die Bibel reflektiert fast gar nicht, aber es ist notwendig, denn es ist das Einzige, was guttut.

Die Bibel schildert der Sache nach Ähnliches vielleicht, und wenn es hochkommt, tut sie es in großformatiger dichterischer Kraft, aber sie arbeitet es psychologisch nicht durch. Das ist ein Mangel des Christentums bis heute, und deshalb schon sollten wir uns beschäftigen mit den Tragödiendichtern und Mythographen, die seit 2500 Jahren genial genau darin waren, die alten großen Bilder nicht nur auf die Bühne des Theaters zu bringen, sondern darin menschliche Charaktere zu formen, archetypische Grundfiguren zu entdecken, sie therapeutisch anzubieten und damit beim Zuschauer etwas zu bewirken, was zur Befreiung aufwächst. – Also, ich kann Sie nicht davon dispensieren, sich damit zu beschäftigen, ich kann Sie nur einladen, genau das zu tun.

Nun sagen Sie: »Das ist mein ganzes Leben, ich war Gefängnispfarrer, und das habe ich gelernt. Mit dem Verurteilen kommen wir überhaupt nicht weiter; man muss Menschen verstehen, und dann ist die Frage, wann kommt und wieso kommt jemand ins Gefängnis? Hat er das gewollt überhaupt? Wie viel Schicksal spielt da eine Rolle?« In der Tat: Auf der Stelle kommen die Genetiker, die Neurologen, die Säuglingsforscher, die Embryologen, die Sozial- und Kulturanthropologen, die Psychoanalytiker: Alle haben sie ihre Gründe zu zeigen, dass das, was wir für Freiheit nehmen, gar keine ist, sondern nur eine Selbsttäuschung. –

Ich hab – vielleicht geht das als Beispiel jetzt am schnellsten in der Zeitnot – vor Gefangenen mehrmals Vorträge halten sollen und auch vor Gefängnispfarrern, und dann gesagt: »Es sitzt bei Euch Gefangenen kein Mensch hier, weil er es selbst so gewollt hätte. So etwas ist unmöglich, außer vielleicht bei denen, die mal irgendwas geklaut haben, damit sie es über Weihnachten ein bisschen warm haben. Aber die wirklich was verbrochen haben, sitzen hier nicht in Freiheit, sondern da ist eine Menge in ihrem Leben schiefgelaufen. Sie sind ganz einfach dreißig Zentimeter neben der Mauerwand an der falschen Seite zur Welt gekommen.« – Machen wir es ganz kurz: Wenn das, was die Strafgefangenen als Maßnahme, als Strafe auferlegt bekommen, Sinn machen soll, dann, dass sie Zeit gewinnen, darüber nachzudenken, wie es denn kam. Nicht, weil sie schuldig wären, nicht, weil sie es gewollt hätten, allenfalls damit sie begreifen, was dahinterstand, wie es kam, wie sie wurden, was sie sind. Wir können dabei nicht singen wie der Hauptmann von Köpenick: »Bis hierhin hat uns Gott geführt«, wir müssen fragen, wie führt uns Gott da wieder raus, und das geht nur durch Selbstklärung.

Die einfachste Antwort auf Ihre Frage besteht also darin, dass die Notwendigkeiten, die das Schicksal, das Fatum oder wer auch immer, über uns gebracht hat, sich zur Freiheit nur öffnen lassen durch Selbsterkenntnis.

Denn da bin ich ja nun bei meinem Schlusswort, noch einmal zu sagen: Am Eingang zum Tempel des Gottes Apoll in Delphi stand just dies: Erkenne dich selbst. Ich füge lediglich ganz und gar christlich hinzu: Es ist nicht rein sokratisch und intellektuell zu schaffen, Selbsterkenntnis zu gewinnen, es geht nur durch die persönliche Begegnung einer Liebe, die erlaubt, ehrlich zu werden. Und dafür steht die Person Jesu, und auf der Suche nach ihr all die großen Tragödien der Menschheitsliteratur, von denen ein wenig doch die Luft geschmeckt zu haben Ihnen heute Nachmittag Gelegenheit war. – Machen Sie so weiter. Danke schön.